多维互动式
课堂管理

50 个行之有效的方法助你事半功倍

[美] 塞丽娜·帕里泽 Serena Pariser 著

REAL TALK
ABOUT
CLASSROOM
MANAGEMENT

50 BEST PRACTICES THAT WORK
AND SHOW YOU BELIEVE IN
YOUR STUDENTS

中国青年出版社
CHINA YOUTH PRESS
中青文库

图书在版编目(CIP)数据

多维互动式课堂管理：50个行之有效的方法助你事半功倍 /
（美）塞丽娜·帕里泽著；窦钰婷，王瑜，刘白玉译.
—北京：中国青年出版社，2019.1
书名原文：Real Talk About Classroom Management: 50 Best Practices That Work
and Show You Believe in Your Students
ISBN 978-7-5153-5339-5

Ⅰ.①多… Ⅱ.①塞… ②窦… ③王… ④刘… Ⅲ.①课堂教学—教学管理 Ⅳ.①G424.21

中国版本图书馆CIP数据核字（2018）第228605号

Real Talk About Classroom Management: 50 Best Practices That Work and Show You Believe
in Your Students
Copyright © 2018 by Corwin
本简体中文翻译版由 Corwin Press, Inc. 授权出版
Simplified Chinese translation copyright © 2019 by China Youth Press.
All rights reserved.

多维互动式课堂管理：
50个行之有效的方法助你事半功倍

作　　者：	〔美〕塞丽娜·帕里泽
译　　者：	窦钰婷　王　瑜　刘白玉
责任编辑：	庞冰心
文字编辑：	张祎琳
美术编辑：	杜雨萃
出　　版：	中国青年出版社
发　　行：	北京中青文文化传媒有限公司
电　　话：	010-65511270/65516873
公司网址：	www.cyb.com.cn
购书网址：	zqwts.tmall.com
印　　刷：	大厂回族自治县益利印刷有限公司
版　　次：	2019年1月第1版
印　　次：	2020年1月第2次印刷
开　　本：	787×1092　1/16
字　　数：	200千字
印　　张：	17.5
京权图字：	01-2018-3060
书　　号：	ISBN 978-7-5153-5339-5
定　　价：	39.80元

版权声明

REAL TALK

ABOUT
CLASSROOM MANAGEMENT

目录

CONTENS

序 ·· 007

执教第一年 ·· 014

第一部分 如何安排学期的前几周 ················ 018

    有效方法1 : 将学期首日设定为学生日 / 020

    有效方法2 : 尽早获得学生的尊重，越早越好 / 024

    有效方法3 : 尽早确定教学流程并贯彻执行 / 030

    有效方法4 : 讲究师生谈话艺术 / 033

    有效方法5 : 合理安排座次表 / 037

第二部分 建立积极的师生关系 ···················· 048

    有效方法6 : 用权以善，而不是恶 / 051

有效方法7：让学生不耻于犯错 / 057

有效方法8：管好难管的孩子 / 060

有效方法9：成为一名侦探型教师 / 065

有效方法10：用你的话语和语气传递正能量 / 073

有效方法11：关注正能量，培养积极向上的学生 / 075

有效方法12：理解别人眼里的"坏孩子" / 078

有效方法13：奖励学生 / 084

有效方法14：了解行为契约的力量 / 087

第三部分　课程设置和教学方法 ·················· **102**

有效方法15：激励学生积极参与：让学习有趣味，让学生学会学习 / 106

有效方法16：研究、阅读、运用 / 110

有效方法17：跟上节奏 / 113

有效方法18：灵活控制音量 / 116

有效方法19：提前规划，备好自己的课 / 118

有效方法20：采用目标明确的任务型教学法 / 122

有效方法21：挑战与支持并举 / 127

有效方法22：敢于在教学中冒险尝新 / 130

有效方法23：如何跟学生请假 / 133

有效方法24：运用创造性的管教方式 / 136

有效方法25：学会调控教室里的噪声 / 143

有效方法26：让学生学会团队合作 / 147

有效方法27：鼓励学生发挥源源不断的创造力 / 151

有效方法28：因人施教：识别学生的不同学习类型 / 153

有效方法29：要对学生有信心，允许教学中有失败案例 / 162

第四部分　善用学校的其他人际资源 ······························· **166**

有效方法30：学会赢得家长的支持 / 174

有效方法31：懂得如何进行合作教学 / 178

有效方法32：做一块海绵，善于吸收他人的教学灵感 / 185

有效方法33：找一位导师 / 187

有效方法34：观察并学习 / 190

有效方法35：用心倾听，不要空谈 / 192

有效方法36：积极主动：争取让校方始终支持你的工作 / 194

第五部分　给学生制造惊喜 ······································· **202**

有效方法37：邀请嘉宾到你的课堂演讲 / 206

有效方法38：赋予学生权力与话语权 / 212

有效方法39：表现出你对学生很在乎 / 215

有效方法40：与学生一起欢笑，一起学习 / 220

有效方法41：给学生准备小礼物 / 224

有效方法42：做一位与众不同的老师 / 226

有效方法43：你要清楚一点，学生会特别关注细节 / 228

有效方法44：管理代课班时，让学生配合你 / 232

有效方法45：在课堂上添加意外惊喜 / 236

第六部分　保持身心健康 ……………………………………… 242

有效方法46：平衡你的生活 / 246

有效方法47：学会应对艰难的家长会 / 250

有效方法48：保持平衡：给予和索取要对等 / 255

有效方法49：及时回应，定好优先顺序 / 257

有效方法50：学会与同事相处 / 259

开阔视野：课堂管理的全球视角 ………………………………… 261

50个教学原则和禁忌清单 ………………………………………… 265

学期的最后阶段 …………………………………………………… 269

肺腑之言：教师对教师的忠告 …………………………………… 271

REAL TALK

ABOUT
CLASSROOM MANAGEMENT

序
―――― PRELUDE ――――

在本书中，我将以一个教师的身份对即将成为或已经成为教师的你讲述有关课堂管理的一些真实的事情。我将跟你分享经过多次实践检验的真实的最有效的实践策略，举例说明这些实践策略的真实的奇闻轶事，我跟学生进行的真实的对话，以及我在教室里经历的真实的课堂管理情景。书中唯一不真实的是学生的名字。我希望将我的所学与那些需要和学生建立良好关系的人分享，或者与那些已经和学生建立了良好关系，但却对我的经历好奇的人分享。

记得我执教第一年采用的第一个课堂管理策略是老掉牙的方法：大声喊叫。我当时想，如果我的声音比学生的大，比学生的有力，那么学生就会因害怕我而认真听课。面对29名非常难管的学生，这是我当时唯一能够想出来的制胜办法。但后来的事实证明，大声喊叫只能短期奏效，长期根本没用，而且非常不受学生欢迎。

执教半年之后，我才意识到，大声喊叫不仅对学生有害，而且对教师的身体也有害。我发现，每次上课后我的耳朵就开始疼痛，而且疼痛得越来越厉害，甚至有点听不清别人说话了，于是去看医生。医生查看我的耳朵，告诉我，我的两个耳骨都肿得厉害，这是导致疼痛的原因。他问我从事什么职业，我告诉他我是教师，教六年级的孩子。他笑着说："难怪你两个耳膜都肿了。"我吃了些甾体抗炎药减轻疼痛和肿胀。虽然后来我的耳朵恢复了正常，但是这件事却让我深刻意识到，我上课时讲话的声音有多么大。我必须要做些改变了。如果我的耳朵因为声音大而疼痛，我无法想象学生们在教室里会是怎样的感受。这种教学方法该结束了，我决定寻找一种更好的教学方法。这就是我寻找最有效课堂实践教学策略的最初动机。

我认为自己属于大无畏的类型。在新西兰，一天之内我既蹦极，又跳伞；在拉斯韦加斯，我在四级湍急水流中划橡皮艇，又敢从赌场大楼上跳下，做自由落体运动；在澳大利亚、哥斯达黎加、土耳其、纳米比亚、博茨瓦纳和其他五个国家，我跟鲨鱼嬉戏，独自背着双肩包旅行；在津巴布韦，我乘坐独木舟在河马横行的水域里穿行，并两次跳入冰冻的河里，仅仅是为了娱乐。但是，所有这些成就感，都无法与有效的课堂管理相比。大多数老师，包括我自己，都会在课堂管理上犯错误。多数新教师面对课堂管理感到无助，仅仅有几本教师指导书，或者一两次课堂管理指导课远远不够。我想从专业的视角，告诉老师们那些我反复实践的课堂管理策略，告诉他们那些绝大多数教师认为有效的管理策略。这样一来，你的教学工作就轻松多了。

我并不是说这些是唯一正确的教学方法。正是因为有许许多多正确的教学方法，才使得教学如此艰难、如此复杂，但又如此迷人。而且，人们每天都会发现一些新的教学方法。但是，很多有效的教学方法在优秀教师中达成了共识。我就是跟你分享那些我和同事们都认为行之有效的教学方法，分享我的知识和观点。书中所介绍的只是冰山一角，我用了七年多的时间，通过反复试验，不知经历了多少次失败和成功，才获得了这些方法。我希望你们可以避免我在课堂上犯的错误，分享我的喜悦，善用我的成果。我写这部书的目的就是让你们少走点弯路，找到适合你和你的学生的方法。这些最有效的实践策略都是根据教师提出的真实问题而设计并经试验验证的。在走廊里，在餐厅里，在备课时，在课后，或者通过电子邮件，经常会有老师向我提出问题。每次教师提出问题，我都记下来，然后对此问题进行设计、运用，因为我清楚，一个老师提的问题，可能也是其他老师想提的问题。

获得这些最有效的实践策略花费了我很多年时间，我对每个教学方法进行反复试验，阅读研究论文和著作，与导师反复讨论，在具有挑战性的学校教学和工作。通过不断的探索，不断的思考，对教学始终充满好奇，我总是满怀激情地想把工作做得更好，对学生始终充满爱，我获得了我们学校"年度优秀教师"的光荣称号，并获得博茨瓦纳"富布莱特杰出教师奖"，这个奖项专门授予在学生管理、教育技术、跨学科管理以及以学生为中心的管理方面成绩突出的优秀教师导师。我在尼泊尔首都加德满都市任教师导师，给他们讲授以学生为中心的课程和如何给学生授权。我给东欧和俄罗斯的学生上过课。在土耳其，我给幼儿园到12年级的学生上过课。

在给很多国家的老师任导师和给很多国家的学生任教师的过程中，我发现，尽管有语言障碍，但有些课堂管理方法却是超越国界的，任何国家的老师和学生都能用这些方法获得成功。我知道，我必须与他人分享我学到的并且是经过实践检验的有效的方法。这些充满正能量、非常有用的观点让我每天都充满激情，每天我一大早就起床，下班后又加班加点。我希望无论在学校还是在家中，你们都可以在我的这些经验的基础上获得更大的成功。

时代不同了，我来用一些真实的数字说明这本书

根据美国儿童趋势研究院（2015）进行的研究，有五个在任何情况下都最有可能提高成功概率的核心技能，而且是所有老板都希望员工拥有的五个技能：社交技能、沟通技能、高水平的逻辑思考技能（包括解决问题的能力、批判性思维能力、决策能力）、自律的技能、正面自我认知的技能。

另外，还有一些发生在现实世界里的真实统计数据，也可证实上述研究：据报道，85%的失业人员是由于社交技能不恰当造成的。尽管老板要求新员工拥有与工作相关的技术能力，但是团队合作能力、决策能力、沟通能力、规划能力以及要事优先的能力却更重要。当今时代，公司雇用的员工既要有独立工作的能力，又要有与他人合作的能力。仅仅是听从领导指挥并不是21世纪最被欣赏的技能。教师要认真思考，如何将以上这些技能应用于课堂管理？我们培养的学生如何适应真实的社会环境？

一说到课堂管理，我们就常常想到如何让学生在教室里保持安静，行为要规范，要按时完成作业。但是，为了让学生适应真实的社会环境，我们必须指导学生具备团队合作精神，学会与他人沟通，倾听同学的观点和想法。课堂管理是激发学生，而不是压抑学生。这就意味着我们教师必须转变观念。

也许你听说过书中讲到的几个策略，或者你已经亲自尝试了几个策略，

你可以按照每章最后一部分与你的同事讨论问题。每一章设定讨论问题的意义是，讨论这些问题会让学习者参与其中，增强信心，自我激励，最终成为一个独立自主的学习者。

> 课堂管理就是指导学生具备团队合作精神，学会与他人沟通，倾听同学的观点和想法。

为什么从事教学工作

有人说，你爱的人会激励你展示出最好的一面。你爱的工作一样可以激励你。教学是最容易让人产生挫败感的职业之一。但是，如果你热爱教学，那么教学就会让你最好的一面一直闪光，从内心照亮你。对于我来讲，就是这样的。教学让我拥有了以前没有的性格，就像你对某件事敞开心扉时，你最好的一面展示出来了，但同时也暴露了你的缺点。然而，就是这些暴露的缺点逼迫我为成为一名优秀的教师而奋斗。

学生需要你。有时候，你的一堂课没有讲好，或者与学生的一次对话没有成功，这也在情理之中，因为教师也是人，人都会犯错，犯错也是教学的一部分。学生需要你的帮助，他们的父母为了赚钱让孩子上学，需要打两份工。或者，你就是学生的榜样，因为他们家中没有榜样。或者，你是他们认识的最友好的成年人。作为教师，我们应当成为他们所期待的人，这就要求我们改掉自己所有的毛病。作为教师，我们是多么幸运呀！

教学也有其特殊性。从事教师这个职业，我们都有自己的原因，这些原因也各不相同。我不太肯定我的初中老师或高中老师是否有人知道我是教师。但我敢肯定，如果你告诉他们我是教师，他们一定会非常吃惊。在进大学之前，我一直都没有动力好好学习。在那时的课堂上，我常常开小差，很少认真听讲。我总想知道班里发生的一切，所以上课时常常给我的朋友递纸条（我有一大盒子纸条，如果有写纸条考试的话，我和我的朋友都能得A，但是记笔记却差得很远）。而且，对我来说，拥有朋友比学习更重要。到大学三年级时，我才真正开窍，感到在学习方面我还是有潜力的。我就是这样一个学生。

我对学习不感兴趣的经历反而成了我决心成为一名优秀教师最重要的动力。我清楚学生为什么厌恶学习，为什么不愿意参与课堂活动，为什么在上课时间睡觉，为什么喜欢在上课时间说说笑笑，等等。我心里都十分清楚。同时，我也知道如何将学生的这些负能量转化为正能量：让学生参与，让学生充满激情。

我敢保证，每一位教师第一次发现具有挑战性的学生取得成功时，都会洒下欢乐的泪水。你在任何一位教师的书桌上，也许都会发现一张学生送的感谢卡。他们带给了老师无尽的欢乐。这就是为什么在此书每一部分的开头，我都会引用一些学生说的话。学生们记得我们的行为如何影响他们。我们常常发现，当我们给孩子们解释一个新概念，他们又听懂了的时候，孩子们的眼里所闪现的那种渴求知识后得到满足的幸福。当你问老师他们做什么工作时，他们常常会一边微笑，一边解释他们教哪个年级的学生，教什么课程。在其他职业里，你很难看到这种发自内心的微笑。这本书就是告诉你一些让学生快乐学习的方法。情感要素是教师教学和学生学习过程中的重要因素。

在你的执教生涯中，总有一些时刻让你感到自豪，你是学生生活中的一部分，学生真的很可爱。也总有那么一些学生，即使在他们遇到困难时，他们也感到，做你的学生特别幸运。你每天在课堂上展现出的爱心、耐心、能力和创造力，都改变着学生的命运。

在教学工作中，有时候你会感到很辛苦，这就是我为什么来到你身旁，帮助你卸下一些重担。无论你在课堂教学管理过程中遇到何种困惑，在这本书中都能多多少少找到解除困惑的答案。我愿意倾听你的声音。我能理解你，也愿意帮助你。致所有阅读这部书的教师：感谢加入我们的团队！我们需要像您这样的人！

塞丽娜

执教第一年
MY FIRST YEAR

提醒：以下为敏感材料

∙∙∙

执教第一年，我在西费城这所臭名远扬的学校工作，尽管如此，我依然心怀期望。我的期望值很低，那就是：能够制止孩子们打架以及不在他们面前哭。我当时的想法跟很多第一年执教的老师一样——活着就行。执教第一年的每一天都深深铭刻在我的脑海里。

我的课堂已经失控，29个六年级的孩子总喜欢哄堂大笑，互相指指点点。他们很清楚我阻止不了他们。揉搓成一团的纸球满屋子乱飞，时不时爆发出被击中者的尖叫声，被击中者环顾四周，开始对周围的同学伺机报复。我没有精力，也毫无头绪，不知该如何应对这些肆意的哄闹。我看到一个学生坐在桌前，颤抖的身体来回摇晃。其他学生在我面前对他的公然奚落让他彻底失控。我无法阻止他们，他们人太多了。他颤抖着，哭泣着。

有的学生看到了这一切，而有的学生根本没有注意到。我的脑子在飞速运转：等等，我需要将此事上报吗？我该如何上报？他们持有武器吗？我该如何寻求别人的帮助呢？他们会怎么看待我的学生？我太尴尬了，还有多久才能下课？啊，天呀，万一他在上课的时候报复其他的学生怎么办？我的喉头一阵哽咽，泪水流满了面颊。啊，天呀，不能哭。否则，你就是那个会哭的老师了。别哭，别哭。帮帮我吧！一个学生正在后排睡觉，另一个学生正努力地听我讲数学课，但我知道他这样做的目的无非是因为他觉得我可怜而已。我不确定他们之中是否有人知道我正在讲课，或者说正在努力讲课。这就是我教学生涯的开始。

我绝不希望你在现场，或者同样的事也发生在你身上。但你在执教第一年或之后几年也可能有过类似的经历。是我自己选择在执教第一年来西费城这个地方教学的，我过去并不擅长这些工作，但是我挺了过来，并且已有的经验也让我在教学上越来越得心应手。

在我教七年级的时候，一个六年级的学生在教室的走廊里拦住我，自信满满地说："接下来的两年里，我要在你的班级里学习。我的朋友告诉我，你的课堂棒极了。"之后，这就是常事了。在课前或者课后经常有不是我班的学生躲在门后问我的班级里是否还有空位。比起其他任何正式的评价，孩子们给出这样的反馈对我们来说更有意义，因为我们的学生才是真正有说服力的评价者。

慢慢地我发现，我不再是每天满怀挫败感地回家，相反我很开心，疲惫但却开心地完成工作。充满挫败感的日子越来越少，而兴高采烈的日子慢慢成为一种常态。上课的时候我兴奋异常、精力充沛，我感受到了真正的乐趣和快乐，而不再时刻提防学生们捣蛋。当你有了这样的转变，我们的学生也会感受得到，同样地，他们也会卸下防备。这样你和你的学生就成了坚不可摧的团队。

当我们保持一种成长心态，在教学中采用最新最好的教学方法，避免教学中的风险，我们必定会慢慢成长，虽然我们在某些日子里并不觉得自己在进步，但大多数时候我们的确进步了。对我而言，我是这样的教师：始终保持强劲的成长心态，经历失败也体验成功，尝试能找到的每一种教学方法，保持最佳状态，坚持研究文献，向我的良师益友学习，在具有挑战性的学校环境下试图磨炼我的技能。我觉得应该与其他人分享我的所得，那样，或许你就不用像现在一样工作得这么辛苦，或许我能助你轻松一点结束工作回家。这本书是献给老师的。希望你能体验到一些或更多我在课堂中所获得的成功，而正是这些成功时刻让我在课后也能毫不倦怠地工作。对我所能得到的教学技巧和成功的教学策略，我如饥似渴，所以我也愿意将我的所得所获与你一起分享。让我们一起踏上成功之路吧。

教师们应该了解一下课堂管理方面的内容。这本书对于教师们和那些无法掌控他们的青少年子女的父母们来说都是极好的。教师们会从中学到他们之前从未想到的好点子。对于父母，还有那些想要通过绝妙的富有成效的方法来教育孩子的人来说，也同样适用。无论你是老师，还是家长，这本书同等重要。我觉得这本书对于学生尤其有用，因为它会让你理解教师的想法——他们并不总是想要找我们的麻烦。此书也确实让我反思教师们为了让我们学习所采用的种种方法。

——一名八年级学生

第一部分
如何安排学期的前几周

难以忘怀的第一天

九年级开学第一天，一个老师走进教室要借一些纸，我们老师突然情绪失控，两人吵了起来。我们看得目瞪口呆，难以置信。事后，老师要求我们把看到的原原本本记录下来，包括那个老师穿的衣服颜色，吵架的时长，甚至还有他们争吵的原话。写完之后，我们在班里朗读各自描写的内容，发现每个人记述的内容千差万别。然后老师告诉我们历史上的大多数事件跟我们刚刚记录的事情一样，并不能完全原原本本还原事实真相。我永远也忘不了这一天。

——艾米，38岁

开学前几周的课堂管理关系着一学年的成败

开学最初几周与课堂管理关系密切。我们要事先准备充分，要按时但最好是尽早完成准备工作，这样就不会发生我执教第一年遭遇的悲惨经历。在开学最初几周可以规划教学日程安排，对课堂纪律和学生出勤提出要求。这段时间是学生养成良好课堂习惯的关键时期，也是你跟学生在相互尊重基础上建立良好关系的重要节点，同时也是制定课堂规矩和把握学生整体情况的关键时期。最初几周的成功与否决定了这一学年的成败，一定要好好利用这段时间。

将学期首日设定为学生日

••

开学第一天应该是属于学生的。我们应该尽快记住他们的名字。我们越快记住学生的名字，就越能给予他们更多的关注。我敢保证学生们也是这么想的。参考座位表有助于你快速记住他们的名字。实际上在最初几周，我一直都把座位表拿在手里，直到我能记住他们的名字为止。你在教室的时候，一定时刻拿着夹有座位表的笔记板，学生并不知道你的笔记板上有什么，但如果你能喊出他们的名字，这一定会让他们感觉非常棒。你班里的其他成年人也最好人手一份座位表，这样他们也能知道学生的名字。

开学头两天，你可能还没拿到座位表，因为此时学生们正在陆陆续续注册入学，或者注册加入你的班级，但是你仍然可以采用一些创造性的方法来记名字。

记住学生姓名小贴士

方法1（基础型）：如果你比较犹豫，宁可采用保守的方法来记学生姓名的话，这个方法不错。我的导师教给我一个省力的小技巧：让学生每人准备一张索引卡，半折放在他们的桌子上。把自己的名字大大地写在那半张卡片上，并面向你摆放。让学生们带好卡片，一进教室就把卡片摆放在桌子上。在开学最初几天，这个方法非常奏效。然后，你要尽快制作一份座位表，以便快速记住学生的姓名。你也可以利用姓名签，但是索引卡可以重复利用，易于携带，而且大多数学校也会在学年初给老师们提供索引卡，因此便于操作。

方法2：利用学生照片。大多数的参与项目都用学生照片制作座位表。如果制作这样的座位表很费时的话，你可以把学生的照片剪切粘贴到座位表上，或者把学生的照片放到座位表后面一起夹在笔记板上，以备参考。

方法3（高级型）：在迈克尔·凯利的《给傻人们的新兵教学秘籍》（*Rookie Teaching For Dummies*）一书中，我学到了这种方法，并且每年都用。不要被书名吓坏；我是在执教第五年的时候才读到这本书的，并且使用了其中很多好办法。但我必须要警告新老师，在执教第一年的课堂中不要使用它。因为这是个非常高效的记住学生姓名的方法，学生们会格外兴奋。通过这个方法学生也会意识到你很有创新性，之后会对你赋予很高的期望值。

1. 从教室的一边开始问一个学生的名字。

2. 之后转向她身后的学生，问她的名字。

3. 反复问这两个学生的名字几次之后，你要面对着她们重复她们的名字。

4. 转向第三个同学，在问名字之后，重复你到目前为止记住的所有名字。

5. 重复这个过程直到你记住了全班学生的名字。然后随机选取学生并试着叫出他们的名字。

6. 当你完全有信心记住全部学生的名字之后，转过身去，请学生们调换座位。

资料来源：迈克尔·凯利.（2003）.《给傻人们的新兵教学秘籍》，纽约：威利出版公司。

我的目标总是在开学第一天里更多了解我的学生们（让这一天成为学生日），向他们表明你很关心他们的学习。我也愿意做一些让学生彼此交流和解决问题的活动。请牢记，他们像你一样，惶恐无比。他们不仅想要了解你，也想要了解彼此。只有你的学生彼此友好才能带来富有成效的一年，如果他们能够学会通过有组织的交流来享受彼此交谈和相互学习的乐趣的话，成效才会显现出来。这就是为什么我们说有组织的团队建设和活跃气氛的活动在这一天如此宝贵了。

开学第一天，只要你的学生们能够面带微笑，会彼此交流，开始举手回答问题就足够了。其他的以后再说。我最喜欢的活跃气氛的活动是让学生们站起来在教室里四处走动，试着跟小组或者团队一起解决一个难题。网上，书中，甚至是你同事那里都有大量的这种类型的活动。关于在整个学年中可以使用的有利于活跃气氛和团队建设活动的书，我推荐的是《契亚格最爱的100个游戏》（ *Thiagi's 100 Favorite Games* ）。这本书介绍了大量的关于团队建设和活跃气氛的活动，可以供从小学到成人学习者使用，有助于培养社区领袖和班级里的批判性思考者。我的那本一直放在书桌旁边的书架上，以备时不时参考使用。

表1.1展示的是开学第一天的传统做法和调动学生积极性的更佳方法的对比。

在有效方法5中，你会明白在开学第一天让学生们彼此交谈有助于在第一周就制作好座位表，并且你也能对学生的性格了解一二。开学第二天，学生开始做记录，学习课堂纪律和规则，明白你的要求以及不达标的后果，并且开始准备学习。开学第一天一定要让学生明白你对他们很好奇，想要听取他们的心声，知道他们的名字。

表1.1 开学第一天积极调动学生积极性

开学第一天的传统做法	开学第一天的积极有效方法
教师宣讲课堂规矩和要求	学生们合作完成活跃课堂气氛的活动或者有组织的协作活动。教师第二天再进行课堂纪律和要求的宣讲
学生了解教师的性格，第一天结束	教师积极了解学生的性格特点
学生彼此互不相识，甚至会抵触第二天的团队合作	学生们互相介绍认识，便于第二天的合作活动
教师没有聆听学生的心声	教师聆听学生的心声
学生听懂规则和要求之后下课	学生们愉快地结束第一天，并对第二天的学习满怀期望。教师在第二天进行课堂规则和要求的宣讲

小练习

1. 你最喜欢的活跃课堂气氛的一项活动是什么？原因是什么？

2. 开学第一天进行团队合作或者活跃课堂气氛的活动会给学生传递什么样的信息？

3. 为什么在开学第一天让学生在有组织的活动中彼此交谈如此重要？这将如何促进课堂中学生们的合作？

4. 在你以往进行的比较成功的活跃课堂气氛的活动中，坚持这项活动的长远积极成果是什么？

尽早获得学生的尊重，越早越好

· ·

> 学生时代，我遇到了无数的老师，有冷酷的，有严厉的，也有宽松的，我总是在想，我多希望可以拥有一个当学生需要的时候可以随时转换身份的老师。

——萨米，九年级学生

我选择到位于南达科他州皮尔市郊的一所寄宿学校完成我为期四个月的教学任务，这里的学生都是来自周边保护区的纯正印第安人。我仍然记得任课老师第一次让我自己进行随堂测验的情景。试卷发下去之后，我在教室里边走边给学生们讲解指令。一个八年级的女孩用一种嘲讽的语气喊道："嗨，你叫什么名字？"我用尽可能威严的语气回答道："我叫塞丽娜，但你必须称呼我帕里泽女士。"我瞪了她一眼，用眼神告诉她"别来惹我"。她肯定是解读成"我要你尊敬我，而且你必须服从我"。但这样做从来都不会奏效，除非你想要通过威吓来获得尊敬。而作为一个老师，我从来都不会威吓学生。

她想了想，接着喊了起来："嗨，塞丽娜！"

我中了她的圈套，回答道："帕里泽女士！"她哄笑起来，接着更大声地喊起来："塞丽娜，塞丽娜，塞丽娜！"这样持续了一段时间之后，我气得满脸通红，我拿出了"我为人师"的撒手锏，接着说："请叫我帕里泽女士！你只是个学生而已！"

砰！

一个一百页的螺旋装订笔记本砸到了我的脸上。她精确瞄准，扔到了我的脸上，成功地让我闭了嘴。我万分惊恐，眼泪夺眶而出。刚才真的有学生向我脸上扔了一个笔记本吗？它真的击中我了？我流血了吗？班里的其他学生会怎么想呢？他们看到了吗？我颤抖着，尽量用最平静的声音说："叫保安来"，之后浑身仍然颤抖不已。这就是我的经验之谈，你不能要求学生尊重你，而你应该去获得学生的尊重。

亚马逊网站会售卖尊重吗？在教学中，有的老师得到了学生的尊重，而有的没有。那么他们是怎么做到的呢？首先我要说的是，倘若学生们敬重你，喜欢你，那么你的工作做起来就容易多了。教师跟老板不一样，老板可以开除他不喜欢的员工，可是教师却不能开除学生，严重的时候，还有可能需要你花费一年的时间来尝试修复由于尊重缺失而造成的师生之间的紧张关系。下面是一些可以帮你赢得学生尊重的建议，虽然这并非易事，但值得一试。

首先：你是班级的一分子，而并非与班级对立。

想一想你的最终目标是什么？是让孩子们听你的话还是帮助他们取得成功？你与孩子们的目标是否一致？现在，你可能会这样想："如果他们连我讲的话都不听，我怎么能帮助他们取得成功？"你并非唯一一个曾经处于崩溃边缘的人。我很快意识到当教室里（你与学生之间）爆发战争的时候，他们能够很快战胜你。因为他们的数量远多于你。想一想是不是很可怕？秘诀在于，你不能让他们知道这个事实，这就是成功的教师和失败的教师之间的区别。成功的教师深刻意识到这一点，并且能够与学生一起合作。而失败的教师则会正中他们下怀，试图挑战学生的对抗能力，企图用更大的嗓音压制学生的反抗。长期来看，力量的较量是不管用的，只会带来威吓，而不利于营造一个有利的学习环境。我也有过被学生反抗的经历。曾经有学生上课时径直走出教室，并当着我的面辱骂我，我教育他的时候，他却哄笑不已。当一个学生或者全班学生都对你表示不恭的时候，这种状况真的是不容乐观。一旦尊重缺失就很难再获得。然而，一旦学生们信任你，相信你是关心他们的，他们就会放松防备，并且为即将开始的学习之旅做好准备。他们就会想要你来引导他们，询问他们即将要学习的内容，放弃与你对立的心态，因为他们意识到你和他们是站在同一战线的。怎么才能做到呢？不用语言，用行动向他们表明你的关心。

> 如果你希望学生认真对待自己的学生身份，那么你就需要认真备课。

赢得学生尊重小贴士

- **专注于你的目标。**你的关注点会在课堂中盛行。如果你关注的是消极行为，那么课堂上的消极行为就会越来越多；如果你关注的是课堂规则，那么学生们就会学会这些规则。但他们什么时候才能学习知识呢？我的建议是：精心备课，专注学习。要让学生们懂得学习永远是第一要务。这就是你的职责。如果你希望学生们能认真对待他们的学习，那么你就要认真备课，以身作则。如果你关注你的教学计划，你就会非常自信，其他的事情也就水到渠成了。

- **让学生知道你相信他们会成功。**一定要告诉学生，你相信他们会取得成功。秘诀在于：如果你相信学生，并如实相告，那么学生也会非常自信。反之亦然。

正确的做法：南森，我特别希望今天你能好好表现，我能为你做些什么呢？

错误的做法：南森，你在班里已经不及格了，难道你不想考个好分数吗？为什么就不能好好表现呢？

　　这两个陈述都表明，南森应该为自己的行为负责。然而正确的做法表明你相信他有能力学好，只不过如何表现取决于他自己的选择，而你是相信他有这一能力的。错误的做法却让学生处于戒备状态，而这样说往往没有任何作用。所以一定要谨慎选择措辞，细心维护师生关系。你与学生交流的方式很大程度上决定了学生对你的认可度。

- **做好你自己。**这看起来似乎是一个非常简单的事实，却意义深远。在课堂上，把自己最好的那一面展现给学生。想一想你可以利用什么来促进学生们的学习呢？那就是用你的特长来教学。如果你喜欢表演，那就把表演融入教学中。如果你是一个热爱艺术的数学老师，那么就用画画来解决数学难题。如果你喜欢弹钢琴，不妨试试在学生们学习的时候，给他们弹奏一曲。你的特长是教学生涯中的宝贵财富之一。在生活中，我是一个傻乐的人，但是多年来我的教风一直很严肃，因为新老师一贯如此，我不想与众不同，招来非议。可我发现一旦我把傻呵呵的性格也用在教学中，学生们的考试成绩就会直线提升，因为他们能感受到我的开心，也变得格外高兴。课堂中该严肃的时候还是要严肃的，但是学生们知道我们也可以一起开怀大笑。把你的性格特点融入到课堂教学中吧。如果你是一个热爱高尔夫运动的科学老师，当你在教授力的知识时，为何不把你的9号高尔夫球杆拿来教室当教具呢？如果你能这么做的话，你很有可能会成为学生心目中最棒最真实的老师。

- **积极改善你的弱项。** 除了利用你的特长成为学生心目中真实的老师之外，你也要积极改善你的弱项。如果学生也希望你这么做的话，你要让学生们知道你是特意为他们而积极提高自己的。在这方面，你同样也是个学生。这个工作需要你在课外完成，或者假如你效率很高的话，也可以在课前准备时完成。这也是学生的需要所在。假设有两位经验不足的教师正在讨论集体活动的话题。一个可能会说："集体活动不是我的特长，我不擅长，学生们也做不来，最好还是让他们单独行动，各做各的。"另一个可能会说："我知道集体活动对学生有益，我也知道这是我的弱项。不过我还是想要试试看。"你觉得学生会格外尊重哪位教师呢？哪一位教师的课会准备得更加充分呢？

- **慎用惩戒。** 如果你一定要惩戒学生的话，一定要有确切的理由，并让学生们知道原因。那样的话，他们才会尊重你的权威，并欣赏你的为人——不是滥用权力。只有少用惩戒，生气才会有用。如果经常跟学生生气，那样的方法几乎没用。在开学后前两个月之内，并且在你跟学生讲清楚课堂规则和纪律之后，惩戒学生一次，才会达到预期的效果。这样做的目的是给学生设立规矩。当他们触犯了规则时，你需要严厉起来。虽然惩戒的时候会比较可怕，但是严厉意味着建立和保持对学生的控制。对我而言，我一般是每两个月惩戒学生一次。举例来说，你可以在班级里这样强调："你们还记得我们之前讲过的课堂纪律吗？我们还需要就课堂纪律再强调点什么吗？我需要知道我们是否在同一频道上。如果我们之间有误解的话，我可以再重申一下之前的内容。我知道你们不是恶意为之，但实际上你们已经破坏了我们的规矩。"不可惩戒得过于频繁，否则你就无法掌控局面了。要学会选择跟学生开战的时机和场合。我总是自问，学生的行为会不会影响整个班级的学习？如果答案是肯定的，那么你就有责任来制止这种讨厌的行为。但如果答案是否定的话，那么就不要为了一个学生而影响整个班级的学习。因为这对其他的学生不公平，除非你想用你的惩戒来进行集体教育。学生会尊重你的权威，并欣赏你总是把他们的学习放在第一位而不是向他们展示你作为惩戒者的权力有多大。同样的，他们也会把学习放在第一位了。

小练习

1. 你的教学强项是什么？这跟其他教师认可的你的强项是否有出入？你是如何利用这一点来优化教学的？

_____

2. 最近一次你惩戒全班是什么时候？你觉得这样做有没有效果？如果没有的话，你有没有考虑下一次该如何做才能达到更好的效果？

_____

3. 你的特长爱好是什么？你能否把你的特长运用到课堂或者教学中，使得你的学生更好地了解你呢？

_____

尽早确定教学流程并贯彻执行

· ·

如果你曾经给同事代过课的话，当你走进教室的那一刻，你就能判断出来这个教师是否合格。因为即使老师不在场，学生们也知道该做什么。他们有秩序地进教室坐下，按特定的流程进行课前准备。良好的课堂秩序说明教师已经提前定好了规矩。

尽早规定好学习流程几乎可以确保学生在整个学年顺利开展学习。一定要让学生熟悉上课流程，因为人都有惯性。如果没有良好的习惯，课堂和人生可能会偶有惊喜，但是很快我们就会发现一切都开始变得无法掌控。所以，一定要让学生们在课堂学习上形成一个良好的开始和结束学习的习惯。

建立教学流程小贴士

· **简化程序。**确保你的课堂流程不要太繁杂。如果学生想要拿支铅笔用，他得签十份使用协议吗？还是始终在同一个地方放一个装铅笔的篮子，供学生们随取随用？如果教师设置的课堂流程有意义且能表明对学生价值的认同，就会取得理想的效果。

- **始终如一。**不要随意更改你的课堂学习流程。新入职的教师有时候喜欢尝试不同的方法，我并不是说不能尝试创新，只是固定的学习流程更有效，且能让学生感到很舒服，这样学生就能自然而然地开始每天的学习。如果你总是在不断尝新——即使新的方法更好——学生仍然记不住这个最新的流程，最后的结果反而是使他们无章可循。所以，一定要尽早确定课堂教学流程，并坚持下去。

- **建立课前预备的流程。**在课前预备阶段就让全体学生按照统一的学习流程来做，这就像早间例行惯例一样，这样做的目的是使学生们一进入教室，就能自动进入状态，非常清楚自己该做什么。尽量每天都坚持同样的学习流程，好的做法举例如下：

  1. 直接到座位上坐好。
  2. 把书包靠在椅背上或者放在地板上。
  3. 拿出作业日志，并开始记录作业。
  4. 开始做黑板上的热身练习。

全班学生一旦能七天都坚持同样的学习流程，那么他们就会养成良好的习惯，固定的学习流程会让他们感到很熟悉，很

切记：每次学生能按学习流程来做学习准备的时候，一定要表扬他们。

舒服。自此，只要他们能继续坚持下去，他们就会有一种成就感。

在开学第一周要尽早安排好固定的课堂管理流程：

- 学生如何借用教室电脑？
- 老师如何对付懒散的学生？
- 是否给学生分配了固定的电脑号码？如果能在座位表的学生姓名处标注学生使用的电脑号码，效率会更高。

- 学生如何从教室中借书？

- 如果学生需要去厕所，他们该怎么做？

- 作业交到哪里？

- 缺勤的学生到哪里拿需要做的练习题？

- 黑板上记录作业的位置要安排在什么地方？

- 学生在课堂上使用手机以及其他电子设备的规定是什么？

小练习

1. 在刚才提到的课堂管理流程列表中，哪一项是你在课堂中执行得比较好的？

_____

2. 有没有不需要规则和秩序的课堂活动或学习流程？为什么？

_____

3. 课前学习流程重要还是结束课堂的学习流程重要，还是两者都重要呢？为什么？

_____

有效
方法 **4**

讲究师生谈话艺术

· ·

老师，我每天都渴望上你的课。

——卡门，九年级学生

即使学生每天都来上学，你也不能据此认为学生来上你的课都是心甘情愿的。一定要努力让你的课堂成为学生们都心驰神往的地方。在我执教三年之后，一位亲密的教师朋友送给我一份迄今为止收到的最有意义的礼物之一，一本哈尔·厄本的《积极的话语，有效的结果》（*Positive Words, Powerful Results*）的书。

这本书的扉页是一份手写的日志，关于我们的话语以及措辞的方式对于教学的意义，这份日志深深影响了我。虽然我是几个月之后才开始读这本书的（由于学生的作业太多，我一直没有抽出时间来读书），但是这本书却是我对教育本质认知的开始，那就是学生应该在学习过程中感到开心，得到鼓励，获得支持和成就感。教师的话语内容以及措辞方式决定了课堂气氛。这既是一门艺术也是一门科学。有些人生来就懂得说话的艺术，而我却并非这样，我不得不去学习。对我而言，这本书是最有意义的礼物之一，因为它给我打开了一扇大门，让我明白在成为伟大教师的道路上，话语措辞要么是我们最棒的盟友，要么就是我们最大的障碍。

现在我做得很好了，但我仍然记得在我执教第三年的时候遇到的挫折。那时我正在九年级的教室里，学生们也应该安静下来了。可是，一个一贯爱挑衅的男孩子仍然在说个不停。一开始我先威胁他说，要让全班同学都转过身去看他讲话（虽然暗地里我是多么希望我不需要那样做，因为我不确定同学们是否会听我的话转身过去）。但这个男孩依然我行我素，照说不误，根本不害怕我的威胁。我让全班同学停了下来，一边说一边用食指指着他，"不要再说了！"

他大笑不止。

"我说过了，不要再说话了。"这次我声调更高，满脸通红，低着头，两眼冒火地盯着他说。

他转过身来，不仅继续笑个不停，还蔑视地瞥了我一眼，向班里同学表明他对我的不屑，因为或许这并不是第一次有老师想要制服他。

他根本一点都不怕我，而我却试着要让他害怕来服从我。最后的结果就是，我的头快要气炸了，而他终于不再说话，离开了学校。我彻底失败了，他笑着走了，而我不得不吃止痛药来平息自己的怒气。之前由于我不懂得谈话艺术，有过很多类似的经历，而这个故事只是其中之一罢了。

> 现在再讲这个故事还是让我很痛苦，作为教师，我们应该时刻小心不要被我们自己搞砸的状况打败，而应该利用这些状况好好学习，此情此景才是我们学习谈话艺术最好的老师。

提高师生谈话艺术小贴士

- 使用"我"开头的句子。当你希望学生做什么，尤其是你希望学生们改正错误行为的时候，千万不要说"你应该……"，而换成"我需要你……"。
学生通常不会反感这样的话语，而相反，前者往往会激起学生的反抗意识。

- 当你单独与一个坐着的学生谈话的时候，试着蹲下来，与他们齐平，或者比
  他们低一点，这样的话，学生不会感到压抑和胆怯，也更愿意敞开心扉。

- 当跟学生谈话的时候，喊出他们的名字，但是不能用威胁的口吻。人们喜
  欢听到自己的名字，事实上根据戴尔·卡耐基的《人性的弱点》一书，"在
  任何语言中，人的名字对于他本人而言都是最甜美，最重要的声音"。戴
  尔·卡耐基懂得如何俘获人心，同样，这个技巧也适用于你的课堂。

- 与学生换位思考。想想上一次你对全班训话的场景，如果你是学生的话，
  你会认可这次训话吗？倘若答案是肯定的话，那么祝贺你，你做得很棒。
  你超越了大多数（包括我在内的）刚执教一两年的教师。执教第一年的
  经历就好比你跟你的另一半在关系欠佳时的吵闹一样，你会说一些言不
  由衷的话，你会道歉，有时候还会失控，你会反思为什么别人根本不在
  乎你辛苦所做的准备工作。然而，好消息就是，当你的经验越来越丰富，
  你会发现其实你跟学生们是队友，而不是对手。你的掌控能力越来越强，
  虽然你还是会失控，但是概率越来越小，而且必定是事出有因。虽然你
  还是会不赞同，但是你学会了心平气和地看待事情的缘由。学会尊重学
  生，即使是在训话的时候也一样。这样，学生就会心甘情愿地按你的要
  求去做，而并不是因为他们害怕你或者听够了你的唠叨。

有礼貌的指令："豪尔赫，我希望你能坐下，好吗？"
粗鲁的指令："坐下，否则放学以后就留校。"

鼓励性的话语能够帮助学生，而伤害性的话语却能击垮学生。学生会
认为第一个指令中，老师是在帮助他，但第二个指令却是一种威胁和挑衅：
你正警告他，你可以利用你的权力给他留校的惩罚。讽刺的是，你有可能

同时处于两种情况中，所以努力用有礼貌的指令让学生感觉你是在帮他而不是在威胁他。表1.2展示的是鼓励性的话语与伤害性的话语的对比。

表1.2　鼓励性的话语和伤害性的话语

鼓励性的话语	伤害性的话语
我需要你……	你必须……
能不能帮我个忙，请你坐下呢？	现在坐下！
能帮我个忙，认真听讲吗？	你怎么就不听讲呢？
能不能不跟同桌说话，认真听我讲话呢？	为什么你总在说话？
"我"开头的指令	"你"开头的指令

我不得不承认，虽然有时候通过伤害性的话语你会快速得到想要的结果，但是这样做会打击学生们的自信，长此以往，他们会越来越讨厌我们。

小练习

1. 你的老师是否说过什么话让你感觉很糟糕？她说了什么，怎么说的？

_____

2. 想一想有没有一位这样的老师，每次听她讲话，你都感觉很棒？是否记得她说过的话或者你的感觉是什么？

_____

3. 用"我"开头的指令和礼貌地使用学生名字的指令，大声进行练习。用得越多，你就会用得越自然。

_____

合理安排座次表

●●

　　课堂管理的一个重要内容就是确保每个学生都有成功的机会。你是否观察过正在进行找词游戏的班级？有没有想过他们为什么会突然安静下来？那是因为他们都会做，所以问题就在于任务太简单。通常情况下，学生之所以捣乱是因为学生觉得给他们的任务太简单或者太具挑战性而又得不到任何帮助。因此，合理布局的座次表不但有助于你的课堂管理，而且能够提高学生的学习能力。有了这样的座次表，即使课程本身很难，学生们也总是能从周围同学那里获得帮助，从而提高学习效率。

　　我的导师教我的座次表制作策略改变了我的教学生涯。在这之前，我总是把"不该坐一起"的孩子分散到其他的学生中间，希望达到最佳的课堂效果。但事与愿违。合理布局的座次表意味着，你应该了解学生的学习能力、学习障碍、语言障碍，然后据此安排座次表。因此，我建议尽量在开学第三天做出座次表，越早越好。因为一旦学生发现他们喜欢的座位次序之后，再进行调整的话，无疑又要增加你的工作量。开学第一天，利用以学生为中心的课程来观察学生们彼此之间的交流和互动，通过观察之后做出一个布局合理的座次表。

合理布局座次表小贴士

第一步：获得班级里需要个性化教育计划的一份学生名单（这类学生通常是具有显著特长的孩子，可以在学生出勤表中找到这些名字）。及早获知学生们学习障碍的描述对于教学非常有帮助，但大多数情况下，个性化教育计划在日后的教学中会慢慢强化，但学期初就要开始重视这个方案。

第二步：查看学生的出勤表，找到用母语学习的学生名单，这个方法最简单，倘若没有的话，你还可以从学校的语言病理学家或者咨询顾问那里获得这些学生的名单。

第三步：在学生出勤表上，还可以找到那些高智商的天才学生名单。

其余的孩子接受正常教育就可以了。

画出课桌安排图。我建议四到六个学生一起坐，研究也发现，这样的安排对于大型的项目（教学与学习转型中心）效果最好，而且教室内部活动的空间也比较大。合理安排学生的座位，使得学生都能够面向讲台。

第四步：先安排个性化教育计划中的孩子。把他们分散开。有些个性化教育的孩子需要优先安排，根据他们的需求，把他们排在教室前部、后部或者侧边。

第五步：将讲母语的学生分散开布置座位。通常我会让他们坐在平时上课积极发言的普通学生旁边。如果这些普通学生能够讲使用母语学生用的语言，那就更好了。这些普通学生往往非常愿意帮助他们，这个安排就很有意义。如果有学生通过个人意志取得进步，也最好把他们分散开。

第六步：让那些高智商的天才学生也分开坐。

不要把不同学生的分类在你的座次表上标注出来，但是在教学过程中，你还是需要区分开他们。你可以用荧光笔把他们的名字涂上不同颜色加以区分，也可以在这三类特殊学生名字的旁边加逗点以示区分。这样你就能很好地记住班级里不同类型的学生了。

　　精心安排的座次表如图1.1所示：编码清晰的座次表是最有效的。把座次表放在你桌上醒目的位置，或者放在笔记夹板上，这样在教学过程中就能一目了然。

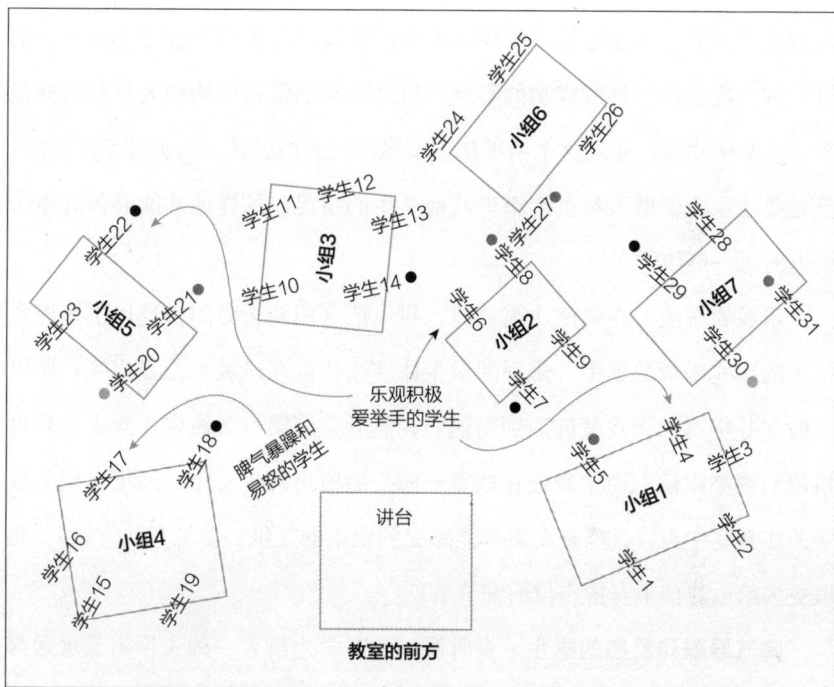

- ● 个性化教育计划的学生
- ● 使用母语学习的学生（切记，高水平或者较高水平的母语学生的学习水平可能跟普通学生差不多）
- ● 高智商的天才学生

图1.1　精心安排的座次表

　　你需要把学生的编码信息隐藏起来，尽量不要在座次表上直接标注学生的能力水平，因为学生有可能发现了他们各自的水平分类后情感受挫。

此外，这些信息在法律上也是保密的。

当你在制作座次表的时候，一定要考虑到班级里的其他参与者。

教室里的辅助人员：如果你的教室里有专门的辅助人员来一对一地帮助某个孩子的话，那就太棒了。这两人可以分配在同一组，这个辅助人员成为其中一员。这样就可以把一个表现比较消极的孩子也分在这一组里，因为持续的关注和靠近另一个成年人有助于他消极人格的转变。此方法值得一试，我也曾经见过成功的案例。只是需要确保这个辅助人员和消极孩子不会发生冲突，而且这个消极孩子不暴躁，否则的话，对彼此都不公平。首先要让这个辅助人员了解组里其他学生的情况，这样他才能够很好地与组里的每一个孩子交流。

乐观的学生：在做座次表之前，我一般会用两天时间挑选出班里经常举手的那些乐观的学生。乐观的学生往往很快就在班级里凸显出来，所以一般在开学第二天我就能识别出他们，然后直到第三天做好座次表之后再给他们调整座位。通常我会在教室一前一后留出两个死角，而把乐观的孩子放在教室中央，这样整个班都能感受到快乐的气氛。参见有效方法6，获取更多给乐观孩子安排座位的细节信息。

脾气暴躁和易怒的学生：有时候，总有学生给人一种头顶阴云永远都不会散去的感觉。一般在开学头几天我就能识别出这样的学生。他们回答问题漫不经心，在班里其他同学面前故意做出叛逆的行为，或者整节课都双手交叉在胸前。我们希望快乐和积极发言的学生能够成为班里的榜样，带动其他学生乐观向上，而不是让那些消极的孩子影响到整个班级。通过观察这些学生，你会发现脾气暴躁和易怒的学生有一个共同特点：情绪消极。大多数情况下，这些孩子同乐观的孩子一样非常容易辨别。

我多么希望可以挥舞手中的魔法棒，让他们脸上重现笑容，但事实并非总能如愿。学习必须要继续进行，而且脾气暴躁和易怒的学生的学习效率要比快乐的学生低，因此他们格外需要帮助。但是又不能过于关注他们的消极态度，否则如果处理不当，这些学生可能会把他们的消极态度带给整个班级。我们只能通过合理安排座位来避免这样的情况发生。在安排座位的时候一定要使用特定的策略，通常我会把这样的学生安排在教室前部的桌子一侧，以防他们在教室后面不知所措，也避免他们组成一个小团体，这样他们的负面情绪就不会渗透到整个班级了。

如果你想要微调座位，越早越好，而且必须要保证这三类学生（个性化教育计划的学生，使用母语的学生，高智商的天才学生）仍然平均分布在普通学生中间。理想状态就是，一旦你设定好了座位，就不用再调换了，一贯性非常重要。但是课堂并非总能那么完美，且与人打交道不可避免地会产生矛盾，那么必要的调整也是在所难免的。这些年来，我一般会在开学第一周进行一两次座位调整，之后就保持不变了。底线就是，作为教师，我们必须要想办法确保班里的学生能够一起学习。只有当你确认了那些易怒或者消极的学生不会妨碍课堂学习的时候，你才能继续探究引起这些情绪的深层原因，并一对一地来帮助他们。

积极发言的学生：一定要保证每个组里有一个积极发言的学生。在开学的前两天，我会在点名册上把这些孩子标注出来，以便于把他们分散到不同的小组里。当然，如果有的学生爱跟周围的同学讲话，也是可以的；我也特别喜欢那些讲母语的低水平学生积极发言。你希望学生（不管他们的学习能力如何）积极发言，是希望班级里能形成一种良好的学习氛围，学生们举手回答问题，表达自己的看法，他们能够带动全班同学举手发言，因此一定要好好利用这些积极发言的学生来调动全班的积极参与。如果每个小组里都有一个爱发言的学生，他从一开始就非常积极的话，组里的其他成员也会效仿。

再次检查座次表，以确保：

1. 每一个低水平的讲母语的学生旁边配一个普通教育的学生，以获得学习上的支持。

2. 尽可能不要把两个接受个性化教育计划的学生安排在同一个小组里。

这样的座次安排能够给你一个快乐的、学习能力交叉分布的课堂，学习成功的概率也非常大。这样每个学生都有成功的机会，而且如果你在开学第一周就做好这个座次表的话，那么你也能很快记住学生的名字，这就是双赢。

在图1.1中，我把三个快乐的爱举手的学生分别安排在中间靠前和中间靠后的位置，是希望全班都能感受到他们的快乐和积极；把脾气暴躁和易怒的学生放在第四组。这样班里的每个学生都有成功的机会。上课的时候可以对照这个座次表来观察学生，如果某个小组没有掌握好一个知识点，看一下这个小组都有谁，你是否把三个讲母语的低水平学生安排在一起了？这个座次表的用处很大，所以在我的班里，学生是不可以自己选座位的。

由于你是依据学生的认知能力来分配座位的，所以学生们很容易接受这样的安排。这样做的目的在于提高班级的学习成绩，增进团队合作和共同参与，并根据学生的技能和知识水平给他们提供平等的成功机会。如果你的课程非常具有挑战性，那么在课堂中要经常进行团队合作，确保学生可以学得很好。

高中改进版

教高中生的时候，根据课程的教学计划，我会让学生们把桌子摆成不同的形式。每周一次这样的位置调换，就足以激起学生的学习兴趣。高中生力气比较大，很容易就可以搬动桌子，所以你可以根据课程讨论需要，灵活变动桌子位置。而座次表上的座位安排是所有这些变化的大本营，万变不离其宗。

在高中课堂上，为了便于不同形式的课程内容顺利进行，也可以重新调整座位。

● 英语课上，如果空间允许，圆形或者马蹄形状的座位摆放有利于采用研讨会的形式进行课文讨论。

● 历史课上，把桌子从中间分成两排，可以就历史故事和事件组织两队进行辩论。

● 数学课上，以小组进行排列，可以促进小组团队合作解决数学难题。

● 科学课上，小组协作可以很好地完成科学实验。

在以上几种不同的座位安排中，不同认知水平的学生要分散开。初中高年级下学期也可以使用这种动态的座次模式。只不过他们可能需要你帮忙摆桌子（也可能需要你具体展示一下座位摆放的形状），或者在下课的时候再帮忙把桌子摆回原位。

小学和中学改进版

你也可以在小学和中学尝试不同的座位安排，但如果你在班级里实行行为矫正机制或奖励机制的话，在进行座位变动的那一天是很难实现这些的。如果你没有实行行为矫正机制或者全班范围的奖励机制，确保不要经常更改座位安排，以免学生不记得最初的大本营在哪里。所以在中学里，我很少这样做，在辩论课上，在苏格拉底式研讨法以及其他特殊的活动中，一般一个单元变换一次座位安排就可以。

灵活的座次安排

灵活的座次安排意味着学生们可以根据自己的感觉（感觉舒服或者学习效果最佳）来自主选择座位，而且学生选择座位的理由往往也很独特，比如说喜欢豆袋坐垫，有地毯的地面或者是旋转的凳子等。尽管灵活的座次表有其一定的优势，也深受学生欢迎，但是我并不建议在执教第一年时使用这种方法，原因如下：

时刻牢记，学生根本不知道彼此的学习能力分类（使用母语学习的学生，个性化教育计划的学生，高智商的天才学生）。灵活的座次安排仍然要保证学生能够进行团队协作。由于学生会经常性更换座位，这种座次安排有可能会扰乱全班的基于小组的行为矫正项目。而且学生自主选座而组成的小组可能在学习水平上分布极其不平衡，从而导致团队协作无法进行。由于我的班上多数学生是讲母语的学习者或是个性化教育计划的学生，因此我设计的座次表能给学生提供最好的指导以及积极的学习环境，这些对于学习来说非常关键。我根据学生理解问题的能力进行分组，再进行团队协作，效果更好。所以在我班里，灵活安排座次的时候，我倾向于把同类别的学生分在一组。物以类聚，人以群分，学生非常喜欢这样灵活安排的座次，以至于他们在课堂上可以非常专注。切记：安静的课堂并不代表学生处于最佳学习状态。还记得本节开篇我讲的那个找词游戏的课堂的例子吗？所以一定要找到平衡点。

灵活的座次安排小贴士

如果你愿意尝试一下灵活的座次安排，我给你如下建议：

1. 用本章最开始介绍的座位安排建议给学生设置好座位大本营，往往这种座次安排的学习效果最佳。

2. 微调。最开始可以尝试微调座次表。如果学生分组学习的话，你可以让学生以小组为单位自主选择上课时他们喜欢坐的位置。比如，整个小组可以寻找他们最佳的学习状态以及舒适的感觉，然后一起围成一圈坐到地毯上。

3. 最初可以在学习和语言两个方面帮助需求最少的班级（如班级大多数为智商比较高的学生或者普通教育的学生）进行灵活的座次调整尝试。假设座次安排能给学生提供稳定的学习支持，那么对学习支持需求较少的学生更能接受灵活的座次安排。

4. 告诉学生如何优化座位选择。

5. 先在一个班级里进行尝试。

制作座次表小贴士

1. 开学第一天之前打印学生名单。

2. 课堂中，做以下记录：

   a. 快乐的、专注的学生；

   b. 脾气暴躁、易怒的学生；

   c. 积极发言的学生。

使用学生不能破解的字母或者编码来标注不同类型的学生。

3. 开学第二天，重点关注一下头一天记录的学生，确保观察准确。

4. 第三天，打印出不同类别学生的名单（包括讲母语的学生，个性化教育计划的学生，以及高智商的天才学生）。通常你可以在学生的登记注册表上找到这些信息。

5. 第三天前，先按你喜欢的方式安排座位。

6. 给每个班级制定一个座次表。首先，基于学习效果最佳原则，先安排个性化教育计划的学生和讲母语的学生。其次，把那些快乐的学生安排在教室中间，并均匀地分散开。最后，把消极的学生安排在边侧空间比较大的地方。

7. 将普通学生分散在剩余的其他座位上。

8. 座次表上用不同颜色标注学生类型，便于你在课堂上识别不同的学生。在使用不同颜色标注的时候一定要尽可能谨慎，确保学生一旦不小心看到这些颜色编码，也破解不了其中的含义。如果你要给学生换座位，这一步也非常重要，通过颜色标注，你可以确保换位之后学生的学习水平仍然能够保持平衡。

小练习

1. 对于将不同类型的学生打散分布在教室中的多层次座次表，你有什么看法？

2. 如何在班里进行小组指导？有没有指定的活动区域？

3. 你怎么看待把快乐专注的孩子和消极的孩子分散在教室中的做法？你是否认为这样有助于课堂学习？

4. 你有没有制作座次表的其他不同的方法？与同事谈一谈，分享不同的观点。

与一名八年级学生的真实对话

学生：帕里泽老师，你知道什么是假的意大利面吗？（What do you call pasta that is not real？）

我：我不知道。

学生：冒牌货啊[①]！（An impasta！）

我：（大笑）

学生（对其他学生说）：当他们这么笑的时候，你就知道他们老了。

学生（对我说）：这只是一个社交实验而已。

[①] 这个双关语来自英文"Fake noodles are nothing but impastas"。im—pasta：im是表反义前缀。pasta指一种意大利面，impasta可以简单理解成不是意大利面。其发音同imposter，即冒充者。所以，这句英文的意思是"那些假的面条都不是意大利面"（音同"那些假的面条都是冒牌货"）。

第二部分

建立积极的师生关系

八年级的时候，我们英语老师把一个特爱说话的男孩关在了壁橱里，结果她把这事彻底忘了。这个男孩一直睡到晚上6点，等清洁工打扫教室的时候，他才醒来。

——艾伦，69 岁

积极良好的师生关系是课堂管理的关键

实际情况是，由于教师精力有限，不可能与每一个学生都保持良好的关系。从实际意义上来看，积极的师生关系能够营造出良好的学习环境，对于师生的教与学也是一种非常好的体验。建立积极的师生关系意味着教师要能够理解学生上课不专心的行为以及懂得如何适时干预他们，同时也意味着学生会每天都非常渴望来上你的课，并且期待见到你。虽然有些日子可能并非如此，但也别在意，有时学生并非是针对你个人的。

一位教师朋友的个人经历

记得我第一天独立上课，既紧张又兴奋。三月的某一天，我接替一个出国的老师上一年级的课。我正准备去教室的时候，一个家长走上前来跟我说："你是三教室的新老师吗？"

"嗯，我就是。"我回答道。

她接着告诉我，她儿子弗雷德在我的班里，要我好好管教他。她让我一定对费雷德严厉点，否则他就是个大麻烦。说实话，看到提出这样要求的家长，我有点怵，所以我按她说的去做了，而没有坚持我的原则。在班里，我对弗雷德区别对待，对其他孩子柔声细语，而面对弗雷德的时候，我则拿出一种教师腔——"我是认真的"。就像他妈妈要求的一样，我对他格外严格，给他设定时限，不让他下课休息，不给他任何借口。

但问题来了，弗雷德一点也不喜欢我。他的表现越发糟糕，很明显我所做的根本没有起到任何作用。我跟他妈妈再次碰面，告诉她，我尝试过她的方法，但那根本不是我的风格。我建议尝试一下积极的办法来改善他的表现。我开始尝试采用奖励表格、奖券和小奖品的方式来奖励他做对的事情。虽然他妈妈坚持认为这些做法对于费雷德根本不管用，但是她还是同意让我试一试。孩子的改变并不能马上立竿见影，但他确实开始慢慢好转。他意识到我是喜欢他，关心他的，并也尝试着改变自己。俗语说得好，"奖励比惩罚更有效。"事实真是如此，这是我跟弗雷德打交道的心得。

——艾丽卡·佩雷斯

加利福尼亚州圣地亚哥杰弗逊小学的教师，

21年从教经验

用权以善，而不是恶

∙∙

> 通过一个老师是否用心听你讲话就可以知道他是否真正相信你。事实上，我在这些老师的课堂上格外努力地学习，因为我知道他们真心希望我能够成功。
>
> ——佩妮，九年级学生

以前，我的壁橱后背板上总贴着这样一句话："教师拥有的权力足以改变课堂气氛。"

我用12号字体打印出来，对我而言，这样的大小足以让我看清楚，而对于我的学生来说，即使他们不小心打开我的壁橱，也不会注意到。

这句话让我感觉自己好像发现了人生的秘密。我总在反思，教师的权力真的很大。如果说从此以后我每天都用那句话鞭策自己，有点言过其实，但我确实时刻铭记那句话，我一直遵循这条座右铭。作为教师，我们是课堂中的情绪引导者。

想象一下，你必须要一直坐下来听一个演讲。观众或者学生往往容易受到演讲者的影响。如果演讲者一直保持微笑，活力充沛，发人深思，你是否也会感受到他的激情？相反，如果演讲者乏味单调，絮絮叨叨，毫无活力可言，你是否会感觉压抑，精疲力竭？作为教师，我们也需要有掌控班级情绪的能力。我总是希望在一开始上课时就让学生微笑快乐。不要担心学生们的注意力不集中，我认为这种担心也是很多教育者在上课之初采用威吓而不是鼓励的原因吧。

在我教中学的最初几年间，每次上课的五到十分钟，我不是安抚莎伦不要紧张，就是制止马克敲桌子。等到我开始上课的时候，我已经非常沮丧，精疲力竭了。很快，我就改变了这种策略。每次上课之前，我都要去看一眼贴在办公桌上的那个警示纸条，时刻提醒自己我的情绪和精力能够影响到整个班级。我的警示语只有一个词："积极"。我把它放在醒目的地方，上课的时候可以时刻提醒我。这张小纸条，在我需要提醒的时候帮助了我很多。我们都需要类似的警示语。我知道，如果我足够积极，即使我的内心痛苦万分，对于孩子们来说，他们的学习也会轻松一万倍。有时候，我会在班里讲个笑话，那种在水果太妃糖包装纸上的，或者在别处不经意看到的笑话。通常情况下，在完成学习任务之后，会有一两分钟的空闲，此时，讲个笑话就能让学生们紧张的神经放松。

我：现在我们还有几分钟才下课，我要讲点新内容。

全班同学（抱怨道）：哦，帕里泽夫人，别再来了！（笑着说）

我：谁能让卫生纸跳舞呢？有没有人可以做到？

全班同学：争着抢着说出各种答案。

我：（兴奋地给出答案）让它喝点小酒！

有的学生会觉得很恶心，有的学生会大笑不止，但无论如何，班里现在有了笑声。十秒钟之内，就有一半的学生开怀大笑。他们越来越习惯这种积极的氛围，并把这种氛围保持在班级里。我也一直在关注哪种班级比较适合这种方法，事实证明，班级越小，效果越好。

　　是不是说起来容易，做起来难呢？让那些最难对付的孩子们在你正式上课之前会心一笑，就是你善用权力的一个例子。每天我们都有可能把最初的五到十分钟甚至一节课都用在负面的事情上，因为这做起来非常容易。比如："约翰，你的铅笔哪儿去了？""苏西，转过身来，好好上课。"这样做的后果就是你面临的学生调皮捣蛋的行为越来越多，比以往多十倍都不止。想一想，你关注的重点是什么？这也是学生将要关注的。我一直认为，虽然积极的态度有时候很难坚持下去，但值得我们去做。

坚持积极态度小贴士

1. 从学生踏进教室开始，就要表扬他们的进步和成绩。

感受到他人欣赏的人总是比期望的做得还要好。

——艾米·里斯·安德森

　　每节课开始的三到四分钟，我都会表扬一些学生的积极表现，比如说："朱莉，感谢你今天安静地开始做黑板上的作业。"说完这话之后会有什么样的效果呢？其他的学生都会争先恐后地拿出他们的作业本。每个人都喜欢得到别人的欣赏和肯定。或者我也会说："非常感谢三组同学们都坐好了，而且克里斯汀他们组也开始复习了。"接下来会怎么样呢？学生们会马上坐下来，开始复习。这是一种促使他们自我实现的表达，秘诀就在于教师一定要真诚，不能太过于威严，也不能讽刺挖苦。

　　试想一下，如果教师这样说："奥曼，你没看到三组都已经坐好了吗？你怎么就不能好好坐下呢？"这位教师的初衷跟我的一样，就是希望学生们能赶快坐好，但这样说的结果就是奥曼会觉得很难堪，而且她在班里定了一种负面消极的基调，这一节课必定是失败的，谁会愿意在这样的环境下教学或学习呢？积极的话语表达同样适用于小学生和高中生。人人都希望得到积极的肯定和关注，我们也是如此。

我们都渴望获得同样的东西：爱、关注和归属感。秘诀的关键在于，你一定要有针对性地进行表扬。如果你希望学生做某件事情，那么就去表扬那些正在这样做的学生。两年前，我决定让学生们为彼此鼓掌，因为这样会让学习变得与众不同，更有趣，同时也能让学生得到鼓励。第二年，我开始实施这个想法，我对学生们说："这个回答真棒，要是有人能够为他鼓掌的话，那就更好了。"果然，第二个问题回答完之后，确实有学生象征性地鼓掌了，但其他的学生仍然只笑不做。一节课我都在不断地积极表扬那些为别人鼓掌的同学，在下课之前，这些学生都开始为同学们的回答鼓掌了。无论你这样做会遇到什么样的困难，但一旦坚持下来，你就会发现，这样的做法会把学习变得多么有趣。

2. 一个人在心情愉悦的时候，头脑更开阔。

关于这一点，那些最成功的企业深谙其道。谷歌允许员工带狗上班，休息室内还有台球桌。成功的企业家明白，当员工心情愉快的时候，创新的点子就如泉涌。当你害怕、伤心或者生气的时候，你是怎么想的？你能静心学习吗？那么当你心情平和、舒畅的时候，你是什么感觉？此时大脑就像是一个海绵，求知欲强烈。当你吼完学生之后，他们会安静下来，但可怕的是，他们的大脑也随之紧闭，无法安心学习。说话语气柔和一点，用心交流而不是呵斥。用心交流意味着你想跟他们心灵相通，而非通过呵斥让学生安静下来。这种做法在人数多的大班级里难度很大，因为你需要保证每个学生都能听到你讲话，时刻牢记你的宗旨：学生们是来学习的。所以一定要让学生们敞开心扉，心情愉悦，才能文思如泉涌，创出佳绩。

良好的课堂气氛形成之后，可以持续整个学年，学生们也会养成非常积极的学习态度。学校往往是孩子们可以受到表扬的唯一地方，那么你就会成为他们父母都做不到的好老师。假如突然有几天，班级气氛变得很消极，那么你就需要好好考虑如何把消极情绪扭转过来。你可以跟全班同学一起想办法，也可以自己想法子。通常，只需一些小的调整就可以改变状况，因为学生们已经深知该如何积极表现了。然而，一旦班级出现好转迹象不明显或者根本没有好转的话，就需要教师将学生们再次带入正轨，一般问题不大。

3. 安排几个快乐的学生坐在教室中间。

每个班级都有各自的特色，学生是主导因素。在学年初，班级特色形成之前，通常会有准领袖（班长之类的人）主导整个班级。任何群体都需要一个领导者，你也可以选你中意的学生来领导整个班级。你希望的学生领袖应该是乐观的，能够尊重他人，并通过自己的言行帮助别人，在课堂上积极举手的学生，可以让这一切成为现实。

有一年，我教的一个班级本来非常愉快轻松，之后突然就变得怒气冲冲、郁郁寡欢、废话连篇，我百思不得其解，过了一段时间之后，我才学会了这个窍门——关注积极一面。班风的转变始于我把其中一个总爱跟教室边上的同学讲话的女孩调到教室中间。她涂着粗重的黑眼线，而她的情绪也跟她浓重的妆容一样，郁郁寡欢。我以为她是因为没有得到足够的关注才会如此，因此我把她的座位调到了讲台的正前方。这一步绝对是大错特错。接下来的几个星期，我饱受折磨，之后才终于明白事情的原委：这个女孩的位置非常显眼，其他同学都能看到她，并模仿她的言行举止。学生，就像其他的人们或者动物一样，很容易受到他们视线之内的东西的影响。

很快，我发现坐在她左边的学生开始跟我顶嘴了。我不由自主地想，怎么会这样？周围的人怎么会感染了她的坏情绪？我恍然大悟，正如教师的情绪可以影响到整个班级一样，教室的中心人物也会如此。

不要再把积极的同学全部放在教室中间，否则你就得花费大把时间掌控教室的其他区域了。只让两三个爱举手的快乐学生坐在教室中间就可以了，很快你就会惊讶地发现他们的气场足以让全班都积极起来。（参见有效方法5中提到的不同学生的座位安排方法。）微笑能够感染学生，也非常有效。

切记：

- 你是全班的情绪引领者。
- 你的气场会辐射到整个班级。
- 有必要的话，可以在醒目的地方放一个警示语。
- 你关注的焦点会在班里盛行。
- 不要把消极的学生安排在教室中间。

小练习

1. 你最喜欢学生的什么行为或习惯？你是否真心表扬过有这些行为或习惯的学生？一定要记得表扬他们，开始的几周时间，你可以给自己写一个提醒放在桌子上或者夹在书里。

2. 如何让学生快乐起来？你能否用你的特长给学生带来快乐呢？列出三项你能做的或者能说的可以让学生快乐的事情。

让学生不耻于犯错

••

以前开学第一周，我的主要任务就是给学生讲清楚我的规矩，要他们安静听话。但现在我很少讲规矩，而主要的任务则是教会学生在分享想法和做演讲的时候不要害怕犯错误。每年都会有学生跟我说，安静要比讲话或者犯错好得多，学生的这种想法让我很受挫。到了第二周，学生就会明白我希望他们在班级里发言，因为我需要知道他们到底学会了什么，还有什么不懂的，以便于我可以在必要的时候再次指导他们。我从来不会因为学生回答错误而生气或者郁闷，因为这意味着离正确的答案更进一步了。以下例子展示了如何引导学生不要因为回答错误而在同学面前感到尴尬或者丢脸。

情景A

教师：这个故事的主题是什么？

学生1：动物？

教师：你说什么？已经上了三次主题课了，你竟然还认为主题是动物？你到底有没有认真听讲？答案错误！

我打赌在老师给出这个评价之后，班级里会有很长一段时间的沉默，因为这个老师的话让学生们害怕再次犯错,除非他们肯定自己的答案,否则没人再敢起来回答,这意味着,大部分的学生都不敢表达自己的意见和想法了。让我们来看看同样情况下另一位教师的点评。

情景B

　　教师:这个故事的主题是什么?

　　学生1:动物?

　　教师:好的,我知道你了解了哪些内容了,谁能帮忙再回答得具体一点?

　　学生2:嗯,故事的主题是关于动物的,但也讲了更多关于人类的事情。

　　教师:好,现在我们要好好研究一下了。根据这两个答案,你们觉得主题是什么呢?想想主题是什么意思?

　　学生3:人与自然!

　　教师:正解。

　　人们想要摆脱失败的影响真的很难。当孩子们曾经在某些事情上经历了失败之后,这种感觉就会一直萦绕在他们心头,挥之不去。告诉孩子们,错误是他们成长的积淀,是不可分割的一部分。虽然这需要教师付出额外的耐心和精力,但当你看到孩子们的成长时,你就会明白一切都是值得的。哪一位老师不希望自己教的学生能够在回答问题时不畏惧犯错,从而让课堂更精彩呢?所以,我们要努力创造一个容忍犯错的环境,而不是犯错零容忍的环境。

　　表2.1展示的就是容忍犯错的环境与犯错零容忍的环境的对比。

表2.1　容忍犯错的环境与犯错零容忍的环境

容忍犯错的环境	犯错零容忍的环境
教师会利用"不正确的答案"引导学生找到正确的答案	教师会直接说："答案错误。"
学生们不会取笑回答错误的同学	学生会取笑或者奚落回答错误的学生
学生们踊跃回答问题，积极尝试	学生们不敢举手回答问题
当有错误答案出现时，教师会求助于其他的学生	教师不能忍受错误的答案，易于情绪波动

小练习

1. 你上学的时候，课堂是否容忍犯错误？你的老师是如何做到这一点的？

_____

2. 这样的环境对于你和其他学生的学习有何益处？为什么你会积极主动举手回答问题？

_____

3. 就你曾经遇到过的不能容忍犯错的课堂，回答以上两个问题。

_____

4. 你喜欢什么样的课堂呢？与搭档合作，模拟老师在学生回答错误之后的答复，问一下搭档的感受如何。

_____

管好难管的孩子

· ·

> 被老师不信任的感觉真是糟透了，他们让我觉得自己是个坏孩子。
>
> ——乔斯林，九年级学生

每个教师都跟难管的学生打过交道。我仍然记得执教第一年时的事情，当我拿到学生的花名册时，感觉学校领导好像跟我开了个大玩笑，因为我的班里根本没有几个好孩子。为什么他们会把学校里所有难缠的孩子给我这个菜鸟？难道他们是想把我扫地出门？我该如何利用我大学学到的东西来对付这些孩子呢？

其中有一个叫丹尼斯的孩子很特殊，他比一般六年级的孩子要大一点。他是在观察了我几个星期之后才开始捣乱的。他看起来似乎比别的孩子更有信心也更爱挑衅。他日复一日的糟糕表现一开始让我真的很难理解，因为周围的同事没有遇到跟我类似的问题。我清楚地记得，有一天丹尼斯在排队进教室时手里拿着篮球，一边拍球，一边看着我。

我：别拍了，否则我就要没收了。

丹尼斯：（微笑着，继续拍球。）

我走过去，伸手去拿球，他一个灵活的倒手把球挪到了身后。这孩子球技确实不错。我真是自讨苦吃，因为我够不着球了，他赢了。我气得冒烟，退了回来，而他继续拍球，其他的孩子哄笑起来。现在怎么办，我能接着上课吗？

所幸的是，以后再没有类似的事情发生。我们都从类似于我这样的尴尬经历中学到了如何避免陷入这种困境的方法。

首先，对于那些难管的学生来说，他们已经习惯了教师的批评和训斥，却得不到他们的赏识和肯定，可悲的是，这些学生对于教师的这种处理方式已经泰然处之，习以为常。你想跟其他的同事一样，还是想要比他们更温柔一点，更尊重学生一点？如果你仍然能够维护班级秩序，同事们会因为后一种方式更敬重你。

事实是，难管的孩子希望得到同等的待遇。他们希望你能跟他们正常对话，希望你能够认可他们。可为什么他们跟别的孩子表现不一样？这就是需要你去思考的，你要学习如何与他们沟通。首先，一定要像对待其他同学一样同等地对待他们。这将解决你90%的问题。以下是学生难以管理的四个原因：

    1. 他们想要权力。

    2. 他们觉得自己能力不足。

    3. 他们想要获得平等待遇。

    4. 他们想要得到更多的关注。

只要你能抓住主要原因，就能找到解决问题的办法。学生根本不清楚自己为什么要这么做，找到他们捣乱的原因，然后对症下药，就可以协助他们取得成功，这就是你的责任。让我们再回顾一下刚刚那个场景。首先，我从一开始就不喜欢丹尼斯，同时又在全班同学面前公然挑衅他，结果可想而知，他肯定不会知难而退，停止拍球。如果丹尼斯仍然在同学排队进教室的时候拍球的话，以下对话可能会是我现在的处理方式。

我：嘿，丹尼斯，我都不知道你会打篮球呢。你在球队里打吗？

丹尼斯：没有。

我：能不能请你帮我个忙呢（经常对学生说："请你帮忙"，这样的措辞非常好用。），现在先别拍球了，那样的话，我会非常感激的，如果你不方便拿球，我也不介意替你暂时保管。

一定要尊重学生。这就是我现在跟学生说话的方式，相信很多成功的教师都是这么做的。有些教师滥用所谓的教师权力，但我建议你还是慎重采用那种方式。大多数时间，如果你尊重学生的话，学生也会尊重你。但你一定要设好自己的底线（你要让他知道这时候是不允许拍球的），同时你也愿意给他个台阶下（替他保管篮球）。此时这个学生无论如何都不会有受到威胁或者被强制要求的感觉，但你却取得了同样或者更好的效果。如果没有必要的话，请收起你的教师权威，到万不得已的时候，再拿出来用，效果会更好。虽然有时候教师权威效果来得更快更直接，但这样做的不良后果也是非常严重的，而且这种方法对于那些难管的学生来说，绝对不会管用。他们以前没有得到过尊重，如果你跟之前的老师不一样，能够改变对待他们的方法，他们的表现也绝对会有所改变。

这些年来，我对孩子们的表现有了不一样的看法。跟我执教第一年的想法不同，我不再认为世界上有所谓的"坏"孩子。我之前之所以用"坏"这个字眼来形容一些孩子，是因为我无法掌控他们而感到沮丧，后来我才发现正是这些孩子塑造了我的职业生涯，是他们挑战了我的极限，是他们让我付出最多的心力，也是他们多年之后再回来看望我。正是这些孩子，可以成全一个老师，也可以毁掉一个老师。

更多教育难管孩子的小贴士

- 必要时，让这些难管的孩子独处。

- 发现他们身上至少一样优点。

- 清楚一两项他们的业余爱好。如果学生喜欢车，那就买一本汽车杂志，让学生们知道你懂得他们的兴趣点。如果他们喜欢滑板，请求他们带一张他们滑行的照片并贴在教室里，以展示他们的技能。让他们知道你是关心他们的。

- 不要把学生的不良行为个人化。通常学生并非针对某个教师。虽然很难做到这一点，但一定要告诫自己，学生肯定正在经历某种事情，而他们只不过是孩子，是少年而已。

- 不要心怀怨恨。每天都要积极乐观地面对他们。

- 发现他们的特长，并把他们的特长用到课堂上来。如果你没有意识到这一点，那么他们的强项也可能给班级造成极大的麻烦。假如有的学生口齿伶俐，但又经常被禁言，无论你是否给他机会他总会说个不停，那么为何不给他表现自己的机会呢?

- 不要大声争吵。私底下悄悄让学生完成你的要求，千万不要当众强制他们去做，在全班同学面前，一定要给他们留面子，否则结果不堪设想。你肯定不希望发生不必要的争吵和斗争。

小练习

1. 你最近一次在班级里发威是什么时候？有必要吗？为什么？

_____

2. 想想每个班里最难管的学生，他的兴趣是什么？你是怎么知道的？

_____

3. 想想每个班里最难管的学生，他们的学术长项是什么？你会如何利用这一点来
   辅助教学？

_____

成为一名侦探型教师

∙∙∙

学生在班里不好好学习并不是针对教师个人的。然而我们付出时间和精力备课，学生这样做往往让我们难以接受。我来分享一下我的故事吧。我曾经有几个月的时间因为学生乱糟糟的活页作业本而感到很挫败。他们的活页夹里纸张杂乱无序，乱成一团。而学校要求教师必须保证学生的活页夹整洁，符合规矩。当我第一次让学生们拿出活页夹的时候，我气得差点吐血。"什么？这叫整洁吗?！"无论我怎么吆喝，怎么批评，怎么威胁他们课后留校，他们的活页夹似乎永远都是那样乱糟糟的。

与此同时，我也正在圣地亚哥州立大学攻读教育技术硕士学位，我们刚好学习了一个理念（随后我再详述）。突然，一闪念间，我想到了这一点。他们需要时间去改变。课上教师发放试卷的速度很快，根本没有给他们整理的时间，他们知道如何整理活页夹，而且也确实希望能够保持整洁，但问题在于他们没有时间去整理。因此，答案很简单：给他们时间。在教学中，我们也经常会遇到类似的情况，一个简单的问题，却需要较长的时间才能找到解决的方法。下面我来分析一下原因，为你以后的教学节省时间。

有1/3的时间学生都不爱学习，我认为除了因为懒惰，其实还有另外两个原因。在我的硕士课上，我们使用的教材是罗伯特・梅杰和彼得・派普编写的《绩效问题分析》，这本书探讨了人们不作为（绩效问题）的原因。通常，人们不作为的原因非常简单，在课堂上，我们可以将阻碍学生学习的因素归结为以下三方面：

1. **技能/知识水平**：如果技能/知识水平是学生的学习障碍，那就意味着学生没有相关的能力或者知识储备来完成任务。这类行为障碍可能是学习能力不足，比如阅读障碍，或者理解障碍等。在这种情况下，教师可以对其进行单独辅导或者安排一个有能力的同学协助其完成任务。或者，如果某个学习任务确实非常难的话，比如，一个学生非常想要得到A，却真的不知道该如何写好最后的总结段落，那么她可能是缺乏必备的技巧或者知识，因此无法达到预期的目标。那么她就可能需要重新补课，学习如何写作文了。

2. **动力**：如果动力是学生的学习障碍，意味着学生没有足够的动力来促使他学习或者完成任务。作为教师，我们很容易把这种不好好学习的行为归因为懒惰。然而，动力的公式是价值乘以自信。在这个公式里，倘若任何一个变量为零的话，那么结果就是零。学生需要明确所做任务的价值以及他们有能力完成这一任务，即使是通过帮助来完成也可以。价值可以定义为事情的意义或重要性。事情的原因可以多种多样，比如，学生想要放学之后去踢足球，而他知道必须要在完成某项作业之后才能去踢，为此，这个学生就会意识到作业的价值所在。又或者，有学生第二年要参加大学预修课程——西班牙语课，所以她清楚地知道自己必须要学习西班牙语才能顺利过关，那么对她来说，现在的西班牙语作业就是有价值的。对于这两个学生来说，激励因子给他们各自的作业增加了价值。

这样的话，教师可以赋予学习任务一个竞争因子，额外多给一些分数，或者给学生讲明白任务的目的。通常外在动力更易于调动学生们的积极性，但内在动力的影响力要强大得多。而外在动力往往会带来内在动力，因此，我们可以将外在动力当作帮助学生找到内在动力的辅助。

外在动力有时候也会是一个障碍。举个例子，有的学生可能知道如何写作，但是却不屑于做，因为好成绩可能对他而言没有任何动力，或者由于某种原因，这个学生根本不需要这个分数。作为教育者，尤其是初高中的教师，我们必须要牢记，学生们除了学业之外还有很多别的事情可做。有时候，老师担任着学生父母的替代性角色，一定要让他们喜欢你。我们的责任就是教会他们如何平衡所有的一切（重要的人或事、家庭的事、朋友之间的事），来让他们保持学习上最大的积极性。

> 通常外在动力更易于调动学生们的积极性，但内在动力的影响力更大。

3. 资源。如果缺少资源，意味着学生没有时间或者资源来完成工作或者任务。一般来说，学生要么是不知道该如何做，要么是没有足够的动力去做（内在或者外在的动力），要么就是时间不够或者材料不足。学生不学习的原因可能是两个或三个障碍的整合，但通常会有一个是主因。

事实也的确如此。明白了以上几个障碍因素之后，作为教师，你就能够轻松解决学生的问题，引导他们安心学习。很多时候，学生根本不知道他们不想学习的原因，或者无法明确表达他们的需求，现在你就可以利用以上的信息准确诊断学生的问题了。好了，让我们一起来看个例子：

场景1："懒洋洋的"吉列尔莫

吉列尔莫正端坐在桌前，却不做面前的卷子。他手里拿着铅笔，看起来老师讲的课他也都懂，但就是不做题。教师走过去，警告他，如果再不做，放学以后就要留校。突然，吉列尔莫生气地说，放学后他既不会留校，也不做这个愚蠢的作业。老师通知了他的父母，最后的结果就是作业没有完成，老师和学生也都气得够呛。

好，接下来，我们从另一个角度来看一下这个场景。

场景2：再看"懒洋洋的"吉列尔莫

吉列尔莫正端坐在桌前，却不做面前的卷子。他手里拿着铅笔，看起来老师讲的课他也都懂，但就是不做题。教师走过去，问他需要什么帮助。吉列尔莫也不清楚自己到底需要什么。教师继续问是否需要什么帮助才开始答题。他回答，可能是吧。接着，他们一起答了第一道题，之后，吉列尔莫笑了，又做了两道题，剩下的题，他就可以自己独立完成了。

虽然现实可能并不总是这么完美，但通过对比，你应该能够明白其中的奥秘。这两个场景之间的区别是什么呢？那就是第二个教师做了一些侦察工作。她这样想："我知道他的学习障碍不是缺少动力，因为吉列尔莫非常想要考高分；我也清楚他有铅笔，有时间也有卷子可以开始做题了；那么剩下的应该就是他的能力或者知识储备不足了。看来，他应该是需要我的帮助。"同理，在第一个场景中，教师激怒了吉列尔莫，而一个愤怒的学生是永远不会向教师求助的。

如果你想要再深入一步的话，这个理论几乎适用于任何情况（甚至包括你的同事）。下次，如果你听到那个早上六点没喝咖啡就心情不爽的同事抱怨，"我怎么就不会用这个复印机？"你可以这样想一想：他是因为缺少技能或者知识（不知道该如何用复印机上多得数不清的按钮）才不会使用机器，还是没有动力去学习如何使用（没有学习的理由），还是资源不足（没有纸，或者他没有时间去学习）？然后，你就会惊讶地发现，这个解决问题的思考方式会让你成为一名典型的侦探型教师。当别人跟你抱怨什么问题也解决不了的时候，一定要慎重分享这个理论，因为，此时你这样跟他们讲，别人会以为你是在炫耀。有时候，人们只是需要发泄一下，而你只需要倾听就可以了。但是，你可以在班里用这个理论进行分析，看看会出现什么样的结果。

为什么学生会对教师区别对待？在他们愿意学习的教师课堂上，教师会下意识地去思考学生的学习障碍是什么。如果他们学过这个理论的话，他们肯定会要确保学生有足够的时间和材料去学习，清楚教学的内容和方法使得学生能够很好地理解（技能/知识），而且也知道该如何从内因或者外因上激励学生在课堂上学习。

学生懒散的原因是否也是如此呢？有时候可能是，但是现在你明白了，学生懒散仅仅是因为他们没有内在或者外在的动力激励他们而已。试着做一名侦探型教师，探寻解决问题的办法，或者至少要有满腔热情。学生几乎认识不到自己的问题，可以试着让他们互相竞争，利用分数作为激励，或者解释清楚作业的用途和目的（最好是有价值的目的）。

现在，你就拥有了一定的魔力，静待结果吧。多年的教学经验让我懂得帮助学生消除阻碍他们用心学习的障碍是多么地令人激动。

表2.2 阻碍学生学习的因素、课堂表现及干预策略

阻碍学生学习的因素	课堂表现	干预策略
资源	学生表现僵硬，不学习也不求助 一到学习时间就话多 上课睡觉	私下询问学生需要什么帮助才能开始学习 咨询家长，确保学生上课的必备材料齐全 私下问学生晚上的睡眠时间以及是否吃过早饭 与学生一对一谈话 让学生清楚教室里可以取用纸张、铅笔等其他必备文具的地点 讲解时间管理方法
技能/知识储备	学生表现僵硬，不学习也不求助 一到学习时间就话多 不参与课堂活动	将学生分成小组，同时邀请班里其他成年人进行指导 请求助教以不同的方式在小范围内再次进行知识概念讲解 以小型讲座形式再次讲解知识概念 请学生在他们小组内对有难度的知识概念进行互助讲解 请学生帮助有学习困难的同学再次理解知识概念 如果有学生属于个性化教育计划，由于缺乏学习技巧或知识储备 不足而造成学习障碍，一定要咨询个性化教育计划的管理人员， 或者学校的心理医生，获得专业的应对策略，帮他学习 让学生报名参加辅导 增加课堂上的小组合作活动 增加课堂不计分小测验的次数

续表

阻碍学生学习的因素	课堂表现	干预策略
动力（价值乘以自信）两个变量都不能为零	学生表现得僵硬，不学习也不求助 一到学习时间就话多 上课睡觉 无法集中注意力，缺乏参与学习的积极性和主动性	为课程、学习内容或者作业增加竞争因子（价值） 告诉学生你相信他们能成功（自信） 在一天的小组活动结束的时候，请同学们赞扬彼此的表现。表扬积极参与的学生（自信） 针对持续出现的问题，为学生制定一份行为契约（价值） 在班里采用行为矫正训练（价值） 与学生一对一谈话，帮助学生树立学习的信心（自信） 与家长沟通学生学习动力不足的问题（价值） 私下与学生沟通，使其明白作业任务与学业大局的关系（价值） 持续更新学生最新的学习成绩（价值） 尝试在班里进行任务型或者问题型的学习内容

注：学习障碍可能不止一个，但关键在于要找到阻碍学生有效学习的最大障碍并针对性地进行干预。

小练习

1. 利用你在这一部分学到的理念，想一想你的学生，对他们而言，阻碍他们学习
   的最大障碍是动力，还是另外两个问题中的一个？学习障碍通常是多种因素的
   综合作用，但其中势必有一个是主因。结合表2.2中的干预策略，针对最大的
   学习障碍，进行头脑风暴，找到帮助学生克服困难的方法。

---

2. 根据你所掌握的关于学习障碍的知识，如果你的学生想要克服最大的学习障碍
   而取得成功需要什么？你需要怎么做才能帮助他顺利实现目标？

---

3. 针对另一个你之前判断错误的学生，你该怎么做才能帮助他克服困难并取得成
   功呢？

用你的话语和语气传递正能量

· ·

这是我遇到过的最快乐的大家庭。

——艾米丽，一个八年级学生这样描述一次英语课堂

这一章虽然内容不多，但意义深远。教师在课堂上讲话的时候，其实是在释放一种能量，营造一种氛围。下一次你再听别人讲话的时候，注意他说话的语气而不是说话的内容。他释放的是正能量，负能量，还是一种悲伤，失望抑或是威胁的感觉？我总是尝试用我的声音给课堂增加正能量。我们没有必要总是像拉拉队长一样，欢呼雀跃，但可以通过我们的话语和说话的语气来展现对学生的关心和爱护。一个负能量很强的教师跟学生讲话的时候，其实是在给学生泄气，并损耗他们的精力。我之所以清楚这一点，是因为我曾经有过同样的经历。我真的想不明白，在那样的环境下，学生们怎么能够安心学习。你是什么样的教师？是倾向于激励学生，还是给学生泄气呢？

作为教师，该用多大的音量跟学生讲话呢？诀窍在于你希望学生用多大的音量跟你讲话，那么你就用同样的方式对待他们。

● 如果你的声音过大的话，学生极有可能会有两种极端的反应，要么

变得非常安静，要么就是声音更大，压过你的声音。

● 如果你的声音过小，那么学生们会因为听不到你的声音而不会留意你说的话。

● 如果你的声音温柔、坚定、音量适中，学生就会跟你一样，这样就会形成一种有效的学习环境。他们很自然地就会跟上你的节奏。

记录音量和语气的方法：

● 用手机录音机录一段上课的音频，之后听一听录音。你感觉音量和语气怎么样？反复多录制几次，直到你找到音量和语气的最佳平衡点。

● 特意咨询一下助教对你的语调的看法。

● 用录像机录一下上课的情景，之后观看录像，重点听一听自己的语气和音量。

小练习

1. 你一生中最喜欢的老师是用怎样的语气和音量来讲课的？你对他的音量和说话的语气感觉怎么样？

_____

2. 你希望你的学生在课堂上有何种体验？

_____

3. 你的"教师腔"会让学生有什么感受？你是否觉得有必要改善自己的语调和音量？为什么？

_____

关注正能量，培养积极向上的学生

• •

　　每个学年的头两周都是非常精彩的。崭新的开始，整洁的教室，得心应手的工作，以及你首次批改的作业，一切都是那么完美。由于你和学生互相还不是很熟悉，所有的学生都格外安静，迫切期待你的下一次课堂。

　　有趣的事情往往从第三周开始。有些学生开始试探你的底线。先别着急，刚开始，他们往往会比较温和地进行试探，这是人类的本性。我们也是这么做的，学生也不例外。通常，开学第三周考验的是你的耐心。对于这一周以及接下来的时间，你要做的关键就是关注正能量。如果你总是关注那些试图犯规的学生，一定要加倍小心。最好私下里，要让这些学生知道自己犯规的后果。但总的来说，一定要重点关注班里的正能量。

　　保持积极学习氛围最有效的方法之一就是用你的言行给学生树立榜样。你要学会掌控一切，保持微笑，并将这种状态保持下去。演员是否会由于外界干扰而中断自己的表演呢？一般不会。但一个业余的演员也许就会。这就是差距。一定要提前讲好规矩以及犯规的后果（第一周是设定规矩和惩罚办法的最好时间），然后贯彻执行，必要的时候把它们当作一个激励的手段，而不是威慑的武器。私下里，快速重申犯规的后果，并且多使用以"我"开头的陈述。不要激动，保持镇静，有条不紊。教导和鼓励才是最重要的。

以下两个例子展示了不同的说话方式：

积极的帕特森女士：我特别欣赏你们能够安静地走进教室。你们知道遵守规则，而且大部分已经拿出书来，准备开始读书了。等最后两个同学也拿出书来，我们就可以开始啦。我为你们感到骄傲，孩子们！

或者

消极的帕特森先生：进教室的秩序还可以，不过，看看你们还有什么没做好吧，竟然还有两个学生没拿出书来。这都开学第三周了，居然还不知道该怎么做？你们已经是小学生了，到现在应该知道怎么做了。

这两个老师哪一个能让学生很好地遵守规则，并在课堂上感觉良好，就不言而喻了吧。当学生感觉良好的时候，他们的头脑就会灵活得多。第二个消极的例子是不是会让你感觉很堵？

关注负能量会在班里产生雪球效应。一旦你这么做了，那些极度消极的学生（由于家庭关系或者朋友的影响而习惯性消极的学生）就会无限夸大这种负能量，并且他们说话的语气也会很消极，下一次他们说话的时候你可以听一听，了解一下是否如此，你会发现真相的确让人很震惊。反之，当你采用非常积极的语气和态度，那么班级里积极乐观的孩子就会踊跃发言，他们微笑着，争先恐后举手回答问题。而那些习惯了消极被动的孩子就会安静许多。因为对他们来说，这样的环境、氛围和语气有点陌生。但是慢慢的，他们也会逐渐适应这样的氛围，最终也会在你的面前变得越来越积极主动。你可能会看到他们在教室内外行为举止差别极大。同朋友或者家人在一起的时候，他们可能还是会继续保持以往的那种消极负面的腔调（我们当然希望他们能够战胜自己，改变这种负面的态度），但在你的教室里，他们仍然能够保持乐观积极。

关注一下你说话的方式，你属于哪一类老师呢？如果你恰巧是那个消极的老师，在你意识到问题的时候，请马上改正。无论教师还是学生，我们都难免会犯错。懂得自我改正和勇往直前的老师才是真正的好老师。

小练习

1. 你最近一次在课堂上情绪失控是什么时候？描述一下具体的情景，这次情绪失控是针对一个学生，还是全体学生？

_____

2. 这次情绪失控对于后面的课堂有什么影响？

_____

理解别人眼里的"坏孩子"

· ·

感谢你一直以来没有放弃我。

——提摩西，九年级，别人眼里的"坏孩子"，

写在毕业当天致老师的一封信中

艾伦现在跟我上英语课，其实我初次见他是在他七年级的时候。那时，我正给一个同事代科学课。未经允许，艾伦站了起来，长长的头发甩到脑后，朝门外吐了一大口痰之后，径直走出教室。我满脸错愕，但他无感地看了我一眼，大声说："你自己看看，我有一个504计划，可以随时休息。"接着他大摇大摆地走出了教室。我惊得呆若木鸡，不知该怎么办，一个12岁的小男孩竟然给我上了一课。

第二年，开学第一天，艾伦走进八年级教室坐下。他肯定不记得我了，但我却清清楚楚地记得他。他仍然不经许可大声喧哗，只要他想放松就把双脚放到桌子上，课堂睡觉或者在座位上辗转反侧已经是家常便饭。甚至在开学第一周，就有别的教师也开始担心他的表现。

大多数的班级里，总有那么一两个学生是刺儿头。也有可能恰巧你的班里刺儿头比较多。无论怎样，你都应该有很多办法对付他们。但就我

而言，我从不相信有"坏学生"存在，虽然大部分人仍然认为或者定义他们为"坏学生"，相反，我更想把他们当成被误解的孩子。因此，我为能够在学年初就把这些孩子分辨出来而兴奋不已，我会情不自禁地想："啊哈，让我们开动起来吧！"

这些学生非常易于辨认：有肆无忌惮地大声喧哗的，有对其他人不尊重却不自知的，等等。他们迫切需要得到老师的帮助，关键在于要尽早辨别出他们，并有针对性地对他们进行辅导。他们往往做决定很草率，自控力很差，还有很多原因使得他们比别的孩子更难教育。让我们暂时称呼这些孩子为"具有挑战性行为的孩子"。事实也确实如此，因为每个孩子的心灵深处都希望得到别人的认可，成为好孩子。对于那些淘气的孩子来说，有可能是成长道路上的某一段发生了什么状况，也有可能是他们还没有找到改变自己的理由。

应对具有挑战性学生的小贴士

1. 孩子之所以捣蛋是为了公平。他们希望跟其他人一样得到平等的待遇。如果你频繁地点他们的名字，用跟别人不一样的语气跟他们讲话，或者直截了当地当着全班同学的面教训他们的话，你就会很快失去他们的尊重和信任。在这些情况下，即使是经验丰富的教师，假如这么做了，也难免是同样的结果。因此，对于这些孩子，你应该做的就是一视同仁，用正常的语调和音量跟他们讲话。而其他训诫性的谈话，最好是私下里进行，那么他们的表现会越来越好。

2. 对于这些具有挑战性行为的学生，你要让他们知道，你不会放弃他们，但也不能纵容他们，要鼓励他们为自己的行为负责。秘诀在于一定要让他们知道你一直都陪伴着他们，并且支持他们。这类学生的家庭生活大多都不够稳定，你要用行动告诉他们你是他们生活中的一个稳定的存在，即使他们现在仍然一团糟，但你坚信他们能够为自己负责，并有能力在下一次做得更好。可以试着问他们："下一次你会有什么不一样的变化？"培养他们的思考能力，你要倾听他们的想法。对于这些学生而言，行动的力量远远大于语言。

3. 期望他们可以做得更好。学生们非常清楚你是否真的信任他们。他们很了解哪些老师认为他们很聪明，那么他们就会为这些老师拿出最好的表现。所以你要从心底里真正认可他们，有时候，你心里可能会想"我希望莎拉这次考试不要考砸"，与其这样想，不如换种思维，"我知道她这次会有进步"。你对孩子们的语言、气场和行动是你内心想法的真实体现。

4. 探寻学生的兴趣点，打印相关话题的文章读给他们听。激励学生的最佳实践活动就是找到他们的兴趣点。当你对他们的兴趣也感兴趣的时候，他们就会发现你是真正关心他们的，并开始主动与你沟通。

　　艾伦过去常常把滑板带到教室。虽然我们学校有规定限制带滑板进入校园，但他总有办法绕过这一规定，把滑板带在身边。我意识到应该利用这一点来引导他读书的兴趣。我开始随意地问一些问题，比如，他喜欢哪一个滑板运动员，他喜欢在哪里滑滑板，等等。我问他有没有拍过花样滑板的照片或者视频，我可否看一看。他开始在课后给我展示他进行花样滑板的照片，他真的是一个很有天赋的孩子。我想法设法去发现他感兴趣的一切事情。

　　接着，在自主阅读的时候，我会找一些校园滑板手的文章给他读。他真正开始读书了，而不再上课时睡觉。他开始问我要更多关于滑板运动的文章，并在周末或者放学后给我展示他新学会的滑板技巧的照片。慢慢地，他开始步入正轨。我甚至还偷偷组织了一些关于滑板运动的活动等。

不久之后，他开始在课堂上记笔记，在团队活动的时候与同学一起合作。其他学生也开始向他咨询关于滑板运动的问题，他开始感受到越来越强的存在感。经他允许，我把他花样滑板技巧的照片打印出来，贴在班级展示墙上。我让他相信，其他学生非常渴望看到他的天赋，并且有学生开始找他要签名了。当我们的班级展示墙贴满以后，我把他的这张照片放在我的讲台旁边，他注意到了，我发现他仍然继续参与课堂学习。

他的学习成绩逐步上升，越来越积极主动，找到了在班里的存在感。同时，我把他放在我的八周学习计划（见有效方法14）里，用来引导他克服其他一些不好的行为，比如大声吵闹和随便走动。虽然他还是会给自己休息时间，但会事先征求同意。而且他也能完成班级作业，大多数的时候，还能很好地进行团队合作。

在一个公立高中执教的时候，我还遇到过另一个颇具挑战性的学生。这是一个叫柯林的九年级女孩，她非常热衷化妆和时尚。事实上，她对这些东西的喜欢程度远远超过了对学习的喜爱，因为每一节课上她都在化妆和做头发。我开始收集《时尚》①杂志，并每周都让她带回家读。我给她这些书的目的不是为了让她觉得欠我什么，只是每次课前我都把书悄悄地放在她的桌子上，等她来上课。她知道我每周都会这么做，看着我会心一笑，大声喊道："谢谢你，帕里泽夫人。"接着她会尽她所能完成学习任务，积

---

① 《时尚》（VOGUE）杂志是由美国康泰纳仕集团出版发行的一本期刊，创刊于1892年，是世界上历史悠久广受尊崇的一本综合性时尚生活类杂志。杂志内容涉及时装、化妆、美容、健康、娱乐和艺术等各个方面，被奉为全世界的时尚圣典。——译者注

极参与课堂学习。因为我关注她所感兴趣的，她也开始对我所关注的学习慢慢拾起兴趣。我知道她喜欢时尚，并尊重这一点。柯林比艾伦的功课做得稍微差一点，但这个有效的实践方法也同样适用于她：发现并关注他们的兴趣点，通过提问题和真心倾听，跟他们进行沟通交流。接着通过更深入的提问，让学生明白你真正关注他们的兴趣，这样他们的兴趣才会更有价值。

当你这样做的时候，你才会从真正意义上理解这些学生。

切记：

● 有挑战性的学生自尊心非常脆弱。

● 有挑战性的学生曾被定义为蠢货，难管的或者令人讨厌的人，作为教师，一定要改变这种看法。

● 有挑战性的学生希望得到大人的信任。

● 有挑战性的学生希望找到在班级里的存在感和归属感。

● 有挑战性的学生内心深处希望自己能做得更好。

● 有挑战性的学生希望得到理解。

● 有挑战性的学生以前常被忽视，自己的想法得不到别人的重视。

● 有挑战性的学生希望他们的学习和社交能得到同学们的认可。

● 倘若你的言行不一致，你会很快失去这些学生的信任。

● 发现这些学生的兴趣点，与其建立联系。

● 小小的奖励或者对能力的认可会对这些学生产生深远的影响。

● 有挑战性的学生迫切需要得到老师的帮助，却不知道该如何求助。

● 既有挑战性成绩又差的学生会通过制造其他麻烦来掩盖他们学习能力不足的问题，如果你能帮助他们积极参与学习，提高学习成绩，那么他们在其他方面的问题就迎刃而解了。

- 成绩好且有挑战性的学生，往往由于学习内容太简单而感到枯燥，那么教师就要给他们难度高的学习任务以挑战他们的学习能力。

小练习

利用前文"应对具有挑战性学生的小贴士"中提到的四个建议，分析一下你曾经遇到的，或者曾经应对过的有挑战性的学生的情况。

1. 你曾经用过哪一个策略？是否有用呢？

2. 哪一个策略没用过？

3. 想一想你班级里的问题学生，你知道他们的兴趣爱好吗？你是否关注过他们的穿衣打扮、业余活动以及说话方式？这些是否会引领你发现他们的兴趣爱好？

奖励学生

. . . .

我觉得我的行为值得奖励。

——多姆，八年级学生

每个学生都希望得到奖励，只是大多数学生没有多姆这么直接。如果你觉得你的学生不想得到奖励的话，很有可能是你没有给他们成功的机会。许多教师会通过收回奖励的方式威胁学生以维护他们的权威，千万不要轻易这么做，一旦这样做了，学生会认为你根本不想奖励他们，而这并非我们的初衷。我们需要学生们知道，我们相信他们通过自己的努力可以取得成功。

要给学生成功的机会。最有价值的奖励是需要他们通过自己的努力去获得的。学生最喜欢获得团体奖励或者与朋友们一起获得奖励，所以要确保奖励与他们的表现和努力程度保持一致；要确保他们通过彼此竞争获得奖励。这样的话，全班就会凝聚一种拼搏的力量，当他们为获得奖励而努力的时候就会格外地专注，或者用教师的话来说就是：有所学，有所得。

虽然针对给予学生的外在奖励仍然存在争议，但我仍坚信外在奖励是培育内在动力的最佳土壤。他们在奋力争取得到奖励的过程中，可以获得一种成就感和自信心，这些都是培育内在发展的良好因素。

可以通过网络搜索"行为纠正系统"来查看是否有关于如何奖励学生的好主意。以下这些是我用来激励行为契约中优胜者的奖励。（见有效方法14：了解行为契约的力量）

外在奖励的小贴士和好主意

（这些都是我用起来比较奏效的。）

1. 午餐时，优胜者可以使用电子设备，比如看手机。

2. 午餐时，优胜者与朋友一起使用电子设备。

3. 微波爆米花（如果你有微波炉的话，做爆米花非常容易）。

4. 午餐时，优胜者可以观看一集美国最有意思的家庭情景喜剧。

5. 午餐时，优胜者与朋友一起观看一集美国最有意思的家庭情景喜剧。

6. 送给学生一些精美书签。

7. 教师辅导一天。

8. 校外旅行考察。

9. 有机会给嘉宾演讲人做接待员。

10. 提供超级酷的铅笔或者学习用品。

11. 可以有棒冰吃。

12. 与朋友们一起享受一个棒冰派对（虽然只是坐在一起吃棒冰，但他们超级喜欢这样的氛围）。

13. 意外惊喜——通常效果极佳。（参见有效方法45：在课堂上添加意外惊喜。在箱子里放一到两个物品，并在箱子顶部写个问号。）

14. 与教师一起共进午餐（在小学生中非常有效）。

注意：只要能与他们选择的朋友一起分享的奖励都是极具诱惑力的。

小练习

1. 你对用来培育内在动力的外在奖励有什么看法?

_____

2. 读中学时,你有没有具有竞争优势的科目? 这个优势是否会让你学习更加刻苦? 为什么?

_____

3. 头脑风暴一下,发现更多适合学生的奖励方法。

_____

了解行为契约的力量

• •

你是否也遇到过类似的学生，你跟他反复强调某一个不良行为，但收效甚微？这个学生是否让你感觉自己是个碎嘴的人？如果是这样的话，那么你需要利用行为契约来更正这个不良行为。根据美国干预中心网站（www.interventioncentral.com）的定义，行为契约指的是"一种简单的被老师广泛用于改变学生行为的积极强化干预"（赖特）。要是我在执教的最初几年就接受过正式的行为契约培训就好了。

关于精神病，有一种通俗的定义，就是"反复思考同一件事，并期望出现不同的结果"。非常不幸的是，我们一直以来都是这么做的。我们希望通过反反复复强调同一个问题和后果，学生会改变不良行为，然而往往事与愿违。

因此，学生越早开始实施行为契约，成功的概率就越大。我建议，如果可能的话，在开学第一个月就让学生开始实施行为契约。行为契约的成功很大程度上取决于你的说话艺术。所谓的"说话艺术"，指的是你如何跟学生描述行为契约。

错误以及误解

教师最常犯的错误就是不采用行为契约，而只是不断抱怨学生的不良行为，并期望这种不良行为会自动消失，而事实却是，99%的不良行为并不会自动消失。因此，教师越早采用行为契约越好，并且无论什么时候开始都不算晚。我曾经最晚的一次是学期的最后八周才开始跟学生实施行为契约的，当他们改正那些消极的和干扰别人的行为之后，我的生活变得美妙无比，我真的后悔应该早点开始就好了。

关于行为契约的另一个误解，就是认为这会给教师增加额外的工作量。事实确实如此，但是一切付出都是相当值得的。因为你的班级会是唯一一个——或者至少是第一个——学生会在行为契约之后重新步入正轨的班级。

教师对行为契约还有一个常见的误解，就是认为它仅仅适合那些个性化教育计划的孩子，但实际上，任何学生都能从行为契约中受益。行为契约与个性化教育计划不同，制定者是教师而非个案管理者。为教师个人着想，我建议在每个班级里采用的行为契约不超过三个（一到两个为最佳），否则教师的任务量会太大。挑选出一两个在班里表现最差的学生参与契约即可。

一些教师说他们整个班级都在契约中，但我认为这是极其不可能的。行为契约是一种私密契约，针对的是挑选出来的学生，使他们在经过帮助也就是培养学习动力之后可以融入正常的班级学习中。因此，契约可以被视为一种针对少数选定学生的行为训练。

我曾经让班里所有最难管的学生都参与到行为契约中，而这也是唯一一次契约失效的尝试。我认为那些没有达到效果的学生，肯定是在家里几乎不睡觉的，因为没有足够睡眠的孩子，在那样的状况下，一切都是空谈。

我是在教学第三年听说行为契约这个方法的。学校的心理医师是我的同事，她建议我们找一个学生（我们在此称她为杰美卡）参与进来。在我们八年级课堂上，杰美卡几乎每天都会在教室发出一种类似打嗝的声音，干扰课堂秩序。她真的是随性而为，也确实很有"天赋"，就像装了定时器一样，每十分钟就会打断一次我上课的节奏，而这些课都是我头一天晚上辛辛苦苦准备好的。

当她每天总是在上课的关键时刻就开始表演她自带的干扰"曲子"的时候，你可以想象我的感受，以及全班同学烦躁而又惊讶的反应。而她自己的反应往往是最夸张的：从椅子上翻倒在地上，大笑不止。在数次的课后谈话中，她总是一脸无辜样，说她控制不了自己。我也给她家里打了电话询问，她祖母解释说，她在家也总是这样，或许她应该换换食谱之类的话。显而易见，我们没有取得任何进展。

该如何制止她的"打嗝"行为呢？我们采用了行为契约，果不其然，它起作用了。这是一个真实的例子。行为契约是你与学生之间的一种契约，目的是制止不良行为，而这也是你的秘密武器。如果行为契约可以制止杰美卡让人反感的肢体行为，那么它也可以改变班级里几乎所有的不良行为。以下是一些常见的课堂不良行为：

1. 多话；

2. 不合时宜地大喊大叫；

3. 离席；

4. 取笑其他人；

5. 不尊重或者蔑视教师或者班级里的其他成年人；

6. 不听指令。

以上这些是大多数教师所抱怨的干扰上课秩序的行为。行为契约可以也能够纠正这些不良行为，以保证课堂正常运行。

行为契约的关键在于它们只是暂时关注那些特定的、明显的和关键的不良行为，而并非简单地让学生成为好学生。而且关注的也只是参与行为契约的特定学生所缺少的三个预期行为。

如果一个孩子的所有老师都为这个孩子制定了行为契约，那么这几个教师最好一起合作，以保证契约能够每天签到。有时候，一个班级只有一个行为契约是比较合理的，学生在此体验到的成功也许会影响到其他的班级。行为契约的成功之处在于，学生可以通过达到契约中约定的预期行为而获得成功的体验。

什么样的学生可以参与行为契约呢？如果你的课堂规则对于某一个学生根本不起任何作用，并且他的不良行为严重影响了课堂学习秩序，那么这个学生就应该参与行为契约，前提是你和参与契约的孩子都彼此信任，他相信你希望他有所成就，你也相信他能完成契约的目标，这也是契约成功的关键。你应该跟这个孩子保持统一战线，所以在制定契约计划之前，你要做好充分的心理准备。

为了保证最大限度地实现契约目标，你应该与学生一起制定这个行为契约。你们可以一起选择契约的字体、选用的图片、预期行为以及最为重要的是达成目标的奖励，因为这样做会让学生有一种参与感和归属感；否则，你所做的只不过是给她一张纸而已，对她而言没有多少意义。

最好用彩纸打印契约，这样有助于学生快速在活页夹中找到它。契约的格式内容可以参见杰美卡的契约（见表2.3和表2.4），这是我的导师奥莱特·纽伦博士给我做的，多年来我一直用于那些最具挑战性的学生，这也是迄今为止我用过的效果最好的契约。这个契约融合了多个行为契约，并用Word文档制作成模板样式。

表2.3 行为契约正面

杰美卡的英语课
契约

周次 _____（日期）
第一周 获得奖励的目标达成率：60%=填3、4、5的占9格

	星期一	星期二	星期三	星期四	星期五
言行举止要尊重教室里所有的成年人	5				
老师第一次发出指令，学生就能听从	4				
上课期间注意力集中，未发出干扰课堂的声音	5				

* 一个1就意味着当天的契约失效
5=80%—100%　4=60%—80%　3=40%—60%　2=20%—40%　1=0%—20%

资料来源：奥莱特·纽伦博士制作的行为契约。

　　契约的优势之一就是包括了预期行为目标达成率，如果参与行为契约的恰好是个性化教育计划的学生，那么在契约约定的预期行为与个性化教育计划目标一致的情况下，学生可以在必要时将这个数据带到个性化教育计划的评价会议上。至于奖励，我发现大部分男孩喜欢食物以及和朋友分享成功这类奖励，而女孩对于奖励则比较挑剔，所以你可以给她们一些选

表2.4 行为契约背面

我，_____，同意以下契约条款。达成目标，我会获得周奖励；未达成目标，教师会向我的父母致电，告知我的负面表现。每节课后将契约交于帕里泽夫人签名。

奖励！！

第一周：午餐时有糖，并且可以使用电子设备

第二周：午餐时有糖和爆米花，并且可以使用电子设备

第三周：午餐时有糖、爆米花和苏打水，并且和朋友一起使用电子设备

第四周：午餐时有糖和爆米花，并且可以和两个朋友一起使用电子设备

资料来源：奥莱特·纽伦博士制作的行为契约。

择，让她们自己决定。奖励应该每周逐步加大筹码（见有效方法13：奖励学生，查看更多的奖励方法）。如果学生参与行为契约的时间超过四周的话，那么从第五周开始，把奖励降级到第一周的水平。

每周跟学生重申一下她本周努力获得的奖励以及三个预期行为。每节课后都要学生把契约拿来签名，并跟学生讨论今天为预期行为所做的努力，然后一起商定今天所得的分数。比如说，如果杰美卡在周一的时候，60%到80%的课堂时间都能第一次就听从指令，那么周一这天的表现就得到了4分，然后在表格上填上4。大多数情况下，学生都能准确进行自我评价，了解自己的进步和不足，以在第二天进一步提升自己。自我评价的过程可能最多30秒，却是一个非常好的赋权给学生的过程。

每个周一，学生都会拿到一份崭新的契约。第一周需要学生得到3、4或者5的要占15个空格的60%（也就是9格），第二周的目标应该达到70%，第三周要达到80%，第四周就应该达到90%。这样，新的习惯慢慢养成，学生的不良行为也会逐步消失，慢慢步入正轨。

这部分内容学完之后，你也可以让你的学生参与到行为契约中来，让她为自己的行为负责。

行为契约启动方式

让学生参与行为契约的方式非常重要。如果你是一个有天赋的销售员，那么你的推销技巧会助力你巧妙地启动行为契约。以下的方法和建议也会帮到你。

再来回顾一下杰美卡的例子。她的行为契约是这样启动的，首先，我请她午餐时到我的办公室来，一定要在没有外人在场的情况下与她签订契约，这点很重要。另一个重要的因素就是：推销。因为你希望这个学生能够改变她的不良行为，也希望她能够遵守契约约定。早上杰美卡来到办公室问我，她是不是又惹麻烦了。我告诉她事实正好相反，这会是一次非常美好的会面。一个上午，她都对这次会面非常好奇。让学生保持好奇心，也是你需要做到的一个重要方面。如果有助教或者另外一个老师也一同出席会面效果会更好，当时我就是跟同事一起见的杰美卡。

契约启动会需要20分钟左右的时间，在会上，你不仅需要"说服"学生主动要求参与契约，并且也需要跟她一起利用模板共同起草契约内容。可以让学生在模板上添加一些个性内容，但最为重要的是，一定要提前想好或者写下对她的三个预期行为。过程和内容都在你的掌控之中，但你要进行适当引导，要让学生认为这是她自愿选择的结果。所以，对于杰美卡来说，以下的预期行为是我们希望通过行为契约她能达成的：

1. 言行举止要尊重教室里所有的成年人。

2. 老师第一次发出指令，她就能听从。（我很看重这一点，因为这是良好课堂秩序的基础。)

　　3. 上课期间注意力集中，未发出干扰课堂的声音。

　　这些都是积极学习态度所强调的、可衡量和观察得到的预期行为，也是你希望她能身体力行的。同时写下你认为学生可能会喜欢的周奖励，然后开始对话：

　　教师：杰美卡，你觉得我们的课怎么样？

　　杰美卡：挺好的。

　　教师：你之前在班里一直学得不错，而且平均成绩也是B+，确实非常好，我在想你应该更喜欢那时候的课堂。你喜欢那段时间吗？

　　杰美卡：喜欢。

此时她还在想自己是不是又惹麻烦了。

　　教师：我有个能让你专注上课的办法，但是呢，我需要做很多很多额外的工作，所以如果你告诉别人的话，他们就会嫉妒你，而且人人也都想这样做。你想不想听一听这个办法？（通常，如果她把契约的事告诉了其他人，那么其他学生也会想要参与这个契约，这样，你就需要给全班同学准备奖励了。否则的话，其他的学生会认为这很不公平，即使这个学生确实需要暂时的行为规划以达到与其他学生同样的预期行为，但其他学生可能会认为你偏心。）

　　杰美卡：当然可以。

　　教师：这个办法是行为契约，你之前有没有听说过？

　　杰美卡：噢，我听说过的，我曾经参加过一个契约，不过我很讨厌它。

　　她这么说的话也无妨。此时，如果你选择的这个学生以前也参加过类似的契约，那么你可以换种说法：

教师：噢，我知道你说的那些契约，但这次的不一样。我之所以选你参加这个契约，是因为我知道你应该会喜欢。我注意到最近你的表现有点不太理想，而我又真的非常希望你的分数能够提高上去，也相信你有这个能力。每年都有很多学生渴望能来参加这个契约，但是又不能人人都参与进来。你想不想听听？

你要调动起学生的好奇心和情绪，让她觉得这是一个千载难逢的机会。你现在要像一个汽车销售员一样，你的言行不能让孩子觉得她现在有麻烦了，而要让她觉得这将是拯救她的最好办法（虽然事实确实如此）。她应该觉得自己是与众不同的，所以你才会选她。此时，学生往往感到很困惑，但也充满好奇。这也是你希望看到的结果。现在最难管的一个学生也已经整装待发了。

最好提前准备好契约模板，现在就可以在电脑上展示给学生看。如果你有投影仪的话，也可以在你们进行个性内容添加的时候把契约投影到大屏幕上，学生非常喜欢这样。首先，让学生选择喜欢的字体，然后询问他们喜欢的东西（跳舞、足球、橄榄球甚至是街头艺术都可以）。然后，选一个这样的小图片放在契约正文里。你可以每周都使用同样的契约，然后让学生选一个他们最喜欢的歌手、足球运动员或者是别的图片贴到契约里。我的很多契约贴的都是罗纳尔多射门的图片。进行到现在，学生已经非常激动了，接下来该讲如何评分的事了。

教师：每天，按三件事给你评分，就三件事。你想一想，你最想改变哪些事情，才能让你更专注地学习呢？

杰美卡：可能是我的座位？

教师：可我觉得你的座位没问题。嗯，再想一想，有时候你跟我们的助教威什女士讲话的态度？说话的时候能不能更礼貌一点呢？

杰美卡：噢，的确如此。如果我能改变这一点也很好。

教师：那么你觉得这个可以作为我们每天评分的标准吗？

杰美卡：可以。

一直这样引导，直到把你最初设计好的三个预期行为都作为评价标准为止，不过学生却会认为这是他们自己选择的，也会对自己的选择更加负责任。接下来该说奖励了，此时学生已经非常兴奋了，你可以这样说：

教师：不过，你有可能某个周没有完成既定目标，这是我最不希望看到的结果，因为我是用心在挑选你的奖品，但如果没有完成周目标，我们也必须要面对这样的后果。

杰美卡：好的。

一定要提前把不能达成目标的后果说清楚，让学生知道你确实希望他们能够每周都得到周奖励，然后让他们签署契约，握手（买卖完成）。祝贺你，你终于可以安心上课了。契约应该在当天或者第二天开始实施，所以，如果你想要周一开始契约计划，那么你就应该在周五或者周一上课前的早上跟学生见面，谈谈契约启动事宜。

对于未达成契约目标的惩罚后果，尝试使用一些对特定学生特别奏效的方法，如以下所示：

1. 一周结束之后，将学生的不良表现通知该学生的体育或者课外活动教练。

2. 一周结束之后，电话通知学生的家长（如表2.4所示，杰美卡的惩罚措施就是这个）。

3. 放学或者午餐时候，给学生20分钟的留校惩罚。确保留校惩罚不会变成"训诫会"或者"补作业时间"。关于留校惩罚，我的导师教给我一个小技巧：设置一个定时器，在那段时间，不允许学生与你以及任何人说话。一旦他们说话，你什么话也不用讲，直接关掉计时器。他们肯定会抱怨不满，然后当他们不再与任何人说话之后，再重新开始计时。我们必须这么做的目的就是要让学生有一段时间感觉特别不自在，这样他们就会牢记教训，下一周努力达成行为契约的目标。

契约成功的秘诀在于学生一定要完成第一周的目标。他们需要尝到成功的甜头，才能在以后的学习中更有动力，所以一定要让学生相信他们有能力达成目标。倘若第一周的目标就没有达成，那么他们放弃契约的可能性就会很大，这样的话，你的一切努力就都泡汤了，基于他们一贯的表现，很有可能他们就再也不会听你的安排了。

倘若他们是第二周没有达成目标，在体验了失败的后果之后，接下来的一周他们肯定会重整旗鼓，开始为了新的周目标而努力，那么往往就会取得成功。

即使别的教师说你是在收买学生人心，也不要理会。当那些最顽劣的孩子都能在我的班级里表现优异的时候，别的教师就会明白我所做的与众不同的努力。由于学生在我的班级里体会到了成功，所以他们就越发自信，同时与我的关系也越来越融洽，这也更能促进他们的学习。你这是在利用外在动力培养学生的内在动力。学校的心理医师也会认同这个契约的理论依据。这是培养预期行为的暂时性的方式，以期将学习效果最大化。四个星期后，学生履行完这个行为契约的时候，她已经习惯了在班里以这种方式学习、做事，并继续将这种良好的表现保持下去。有的学生也可能需要八周甚至更长时间的契约，当你觉得学生已经可以完全自立并成功履行完契约的时候，一定要祝贺他们。请他们共进午餐，并告诉他们你为此而自豪。

行为契约对于纠正青少年在家里的不良行为以及培养他们的预期行为也是极其有效的。点击www.howtoadult.com，查看罗森亚·费思写的"如何与青少年签订行为契约"一文，以获取更多创建此类行为契约的信息。

行为契约注意事项

- 倘若没有行为干预，一个不好的行为表现通常是不会自动消失的，反而往往会越来越糟糕。
- 行为契约成功的关键在于教师的引导和言行的一致性。
- 行为契约的启动时间越早越好。
- 行为契约确实会增加教师的额外工作量，但从长期的成效来看，付出的努力都是值得的。
- 行为契约并不仅仅适用于个性化教育计划的学生。
- 参与行为契约的学生人选应该是屡次违反班级纪律但又改正无望的学生。
- 行为契约由教师和学生一起共同创建。
- 行为契约应该重点关注三个特定的、可衡量并且可观察得到的预期行为。
- 用积极措辞表述行为契约中约定的预期行为。
- 每次参与行为契约的学生不超过两个，否则教师的工作量太大。
- 行为契约只是培养预期行为的暂时性方案。
- 不应该让整个班级都参与行为契约，但整个班级可以采用行为矫正体系，行为契约只能针对班级里最屡教不改的学生。
- 参与行为契约的学生要对你充分信任，坚信你对她能力的认可。

小练习

1. 你是否采用过行为契约的方式？有没有效果？为什么？

_____

2. 通过本节的学习，你对于行为契约有没有新的认识和启发？

_____

3. 假设你想让一个学生参与行为契约。与你的搭档一起讨论一下，如何进行此次会面。

   - 何时何地进行启动会面？

   - 会面之前要完成多少契约内容？

   - 你会给会面安排多长时间？

   - 如何动员学生主动参与行为契约？

_____

与一名高中生的真实对话

学生（在期末成绩评定之前对教师说）：老师，你能否把我的C+成绩改成A呢？

第三部分
课程设置和教学方法

特殊时刻的特殊办法

在我四五年级的时候，有一位年长的教师，声音不大，总是在讲台上放一个玻璃镇纸，我记得那个形状有点像冰球，刚好可以握在手里。凑巧的是，讲台的桌面是铁质的。她在想要引起我们注意时，总是非常用力地用那个玻璃镇纸使劲敲打讲桌。

——迈克，57岁

课程设置和教学方法是课堂管理的基础

积极有活力的、具有吸引力的、合作式以及贴近现实的教学方法能够让困扰你的不良行为问题逐渐消失。过去我常常在课堂管理上花费大量的时间，但这是一个误区。而当我将精力主要集中在改变教学方法上时，我发现班级里的不良行为问题就显著地减少了。因此，设计高质量的教学方法是提高课堂管理效果最积极有效的方式。

一位教师朋友的个人经历

多年过去，我在南加州一所新式学校初次执教的经历如今仍历历在目。虽然以前我曾在明尼苏达另一所新式学校完成过教学实践，但南加州这所学校却完全不同。因为这所学校的学生都是被传统高中开除的，校园打架是常事（有时学生也会在教室里打架，这对教师来说非常危险），校园里可以随意买卖和使用毒品，敌对的帮派都安排在同一个教室里，各种此类奇葩的事情层出不穷。我曾经有很多学生都是从青少年拘留所出来，并且直接从学年中期开始上课。我在那里执教期间，甚至有不止一个学生因为谋杀而被逮捕（有个学生竟然是在一个周一的早上，在我的教室里因为头天夜里的谋杀案而被捕）。更别提糟糕的教学条件了，因为大多数的学生根本就不想来上学。

苦于找不到最佳的教育方法，我回想起大学时期读过亚里士多德的《形而上学》这本书，他曾说过，每个人的本性都是希望能够了解世界，获取知识。有了这个线索，我开始集中精力专注于研究教学策略和课程设计。我试着让每一节课都尽可能地具有吸引力，尽可能与学生产生互动，尽可能贴近实践。无论是好成绩、获奖证书，还是其他酷酷的奖品，对于这些学生而言都毫无吸引力。我要做的是，激发他们内在对知识的渴望，对世界的好奇心，把他们的精力转移到学习上而不是互相关注彼此。

很快我发现，精心规划的课程是课堂管理成功的关键。我利用大学时期学到的所有的教学方法，使学生能够在每一节课的45分钟里都时刻保持专注和学习的兴趣。结果是学生不仅学到了知识，还非常享受上课的过程，并且把课堂看作他们暂时远离难以想象的艰难的家庭生活，以及他们生来就要面对的贫穷和暴力文化的避难所。最后，在这所学校执教的第二年，我被授予"年度教师"的称号，并且成为绝无仅有的在所带班级中未出现严重行为问题的教师。这一切都得益于我专注于教学设计和教学方法。

——杰夫·基施鲍姆

加利福尼亚州圣地亚哥

和平圣母学院的一名拥有十五年教学经验

的老师

激励学生积极参与：让学习有趣味，让学生学会学习

· ·

感谢你帮我改变了想法。

——维姬，九年级学生

教师的职责是什么？教师是知识的传播者还是一个激励者？我个人更倾向于后者，学生也更尊敬那些能让学习充满乐趣的教师。教师的职责就是让学习与学生们的生活息息相关，让学生能够主动而非被动学习，而学习项目则是最好的激励学生学习的方法。在设计学习项目之前，需要考虑一个问题："现实生活中如何才能利用他们所学到的这个知识或者技能？"这个问题会让你在设计学习项目的时候关注知识的实用性，从而使得学习能够更加真实，目标更明确，且更有趣。

比如，我想让那些住在市中心的学生欣赏一部经典文学作品，但出乎我意料的是，学生们竟然非常讨厌"城市青年"一类的作品，因为他们认为这类作品与他们的生活非常相似。最后我选了约翰·斯坦贝克的《人鼠之间》（*Of Mice and Men*）这部作品，虽然有人告诫我，学生很有可能对大萧条期间的这两个土包子不会抱有很大的兴趣，但我还是想方设法让九年级的学生能够主动想要读这本书。

首先，我从学生的角度思考这个问题，考虑到这本书在很多学校都是禁书，因此我从这个角度切入，打印出此书被禁的各种理由。我将支持和反对这本书被禁的各种观点罗列出来，却没有给出书名。读完这些观点之后，学生加入到讨论中来。我设了一个小小的计谋，我跟他们讲，我已经得到领导许可可以跟他们一起读这本书（事实上，我确实征求过领导的意见）。孩子们都非常兴奋，也都摩拳擦掌，跃跃欲试想要猜出此书的名字。

第二天，我刚到教室门口，就听到学生们兴奋地问"什么时候开始读书""到底是哪本书"等问题。我给了他们几个模糊的线索，比如，"其中一个主角精神健康状况不太好，而且我也肯定同学们对故事结局会有各自不同的看法！"

从模糊线索中猜出书名的学生发誓保守秘密（虽然我知道他们由于猜出结果而太过于兴奋，肯定会告诉几个人的，但这正是好玩之处），紧接着，他们就兴奋地大声喊出这本书的名字。第二天，我拿了几本《人鼠之间》放在包装好的箱子里（这也能增加意外惊喜的成分），并把箱子放在教室中间。在箱子外面，我写了一行字，"箱子里面是什么呢？"学生们一进门，一眼就看到了教室中间的箱子，有些还试着打开它。开始上课之后，我打开箱子，学生们一拥而上，迫不及待地拿出书来，打开第一页。这种热情跟我第一节课遇到的散漫和混乱情形截然不同。接下来，阅读开始。我使用的是这本书的有声版，我认为有声版对于课堂阅读是个非常好的创新（这种形式适合喜欢听音频的学生，同时融合各种角色不同的声音，语速适中，并且还能给学生思考的时间）。我总是会在书中故事情节的关键时刻暂停播放音频，此时孩子们就会大喊："不要暂停，老师，再给我们听五分钟吧！"你相信这些是高中生吗？事实上，他们的确是实实在在的高中生。

当听完整本书的音频之后，我问了他们一个问题：乔治决定结束他好朋友的生命，是否正确？学生们很痛苦，也很不安。我们准备就这个问题进行课堂辩论，并且告诉他们到明天上课之前选好自己的观点。班级分成两派，为了避免影响学生的判断，也为了能够再制造一次惊喜，我没有告诉他们我的观点选择。在读这本小说的时候，我们还阅读和剖析了一些关于精神障碍、精神病院和脑叶白质切除术的法庭真实案例。这些阅读知识和课堂讨论扩展了相关的背景知识，使他们能够结合实际回答我的问题。试想一下：如果有学生认为乔治结束莱尼的生命是错误的决定，那么他应该就当时精神病院的医疗条件进行论述，这就会启发学生进行更多的扩展阅读。

然后，学生要就自己的观点写一篇议论文，此时，学生的观点仍然只是基于自己的判断，也不确定接下来要做什么。接着，把学生分成两组，要求他们就乔治·弥尔顿是否做了正确的决定进行针锋相对的辩论。我教他们如何进行激情辩论，如何撰写提示卡片，如何引言，如何利用小说中的原话佐证，如何组织一场正式的辩论等。同时我还告诉队员，届时还会有神秘嘉宾裁判出席辩论赛。这些神秘嘉宾裁判是上一届读过这本书的学生，当然你也可以邀请学生家长或者校内的其他成年人来做嘉宾裁判。这些辩论赛是我一年教学生涯的亮点，从开始到结束，会持续七至八周。

一本书将学生的兴趣、愤怒、精准的判断和无限的热情全部释放出来。这一切都来源于你让学习的过程变得更实际，更贴近生活，所以你完全可以做一个很好的激励者。

让学生积极参与学习的快速有效的小贴士

- 在你的课里加一些惊喜的元素。你希望学生即使不在教室里，也能够经常反思和讨论你的课程。

- 给学习项目增加竞争因素。

- 让学生成组或者成对参与学习项目。

- 学习项目中要有学生自主选择的因素。

- 将学习与实际生活相结合。

- 邀请家长参与学习项目的最后验收阶段。

- 邀请其他年级的学生来参与或者评判学习的期末报告。

小练习

1. 想一想你曾经给学生做过的效果非常好的学习项目。是哪些因素促使其如此成功？有没有需要改进的地方？

2. 想一想你曾经做过的学习项目，哪些未达到预期效果，原因是什么？是否反思过哪里需要改进？

3. 想想你近期正在规划的学习项目。倘若有，如何使它更能让学生感到兴奋，并且更加真实呢？比如，开展一次竞赛？邀请嘉宾演讲者？加点意外惊喜？开展团队合作？

研究、阅读、运用

切记，世界各地每天都在进行积极有效的教学。你要做的是进行研究并找到能够帮助你的好方法。大部分优秀的教学经验很大程度上取决于研究最有效的教学方法。虽然教学研究书籍枯燥乏味，却是非常值得拜读的。通过阅读教学方法的书籍，你完全可以第一时间预防班级里出现的不良行为和错误的观念，不用总是被动回应。因此，在执教第二年和第三年的时候，如果有时间，最好还是看一些教学方法的书。以下是我喜欢的一些书籍：

- 《在常规教室里进行分层教学：如何使每个学生获得成功》（*Differentiating Instruction in the Regular Classroom: How to Reach and Teach All Learners*），戴安·赫克斯，教育学博士，2012

- 《重要的第一年：如何成为一名高效教师——新教师指导手册》（*The First Years Matter: Becoming an Effective Teacher—A Mentoring Guide for Novice Teachers*），卡罗尔·雷德福，2017

- 《行动指南：与新教师一起指导、分享、反思》（*Mentoring in Action: Guiding, Sharing, and Reflecting With Novice Teachers*），卡罗尔·雷德福，2017

● 《给青年教师的15封信：教育家对话新任教师》(*Letters to a Young Teacher*)，乔纳森·考泽尔，2007

● 《教室里的正面管教：培养孩子们学习的勇气、激情和人生技能》(*Positive Discipline in the Classroom: Developing Mutual Respect, Cooperation, and Responsibility in Your Classroom*)，简·尼尔森，2013

● 《下课后来找我：资深老师给同行的建议》(*See Me After Class: Advice for Teachers by Teachers*)，罗格斯纳·艾尔登，2013

● 《开展写作工作坊的策略》(*Strategies for Implementing Writer's Workshop*)，理查德·金特里，2016

● 《一起学单词》(*Words Their Way*)，唐纳德·贝尔，2016，第六版

● 《提高理解能力的有效阅读理解教学策略》(*Strategies That Work: Teaching Comprehension to Increase Understanding*)，斯蒂芬妮·哈维、安妮·古德威斯，2000

● 《挑战学习：如何指导学生克服瓶颈，深化理解力》(*The Learning Challenge: How to Guide Your Students Through the Learning Pit to Achieve Deeper Understanding*)，詹姆斯·诺丁汉，2017

● 《在教室中善用标准的最好方法》(*Best Practice: Bringing Standards to Life in America's Classrooms*)，史蒂夫·泽梅尔曼，2012，第四版

教学就像烹调一样，最好的厨师总是勇于尝试新菜品的人。他们不会因为搞得一团糟而心灰意冷，反而越挫越勇，做得更好。研究报告和教学法书籍读得越多，我就越后悔没有早点接触这些书籍。你在研究教学法上所付出的努力会让你日后的教学更加轻松、愉快，省时省力。

我建议老师们读关于以下几个方面的书籍：

● 最佳教学方法

- 积极的话语

- 积极的课堂管理

- 实用且能转化的课堂小贴士（座次表，行为机制）

研究报告中所提出的教学方法和技巧已经在现实课堂中成功地实施，为什么不借鉴这些成功的方法来为自己的教学添砖加瓦呢？

小练习

1. 过去几年你读过的或者听过的有助于你教学的教学研究和教学方法是什么？

_____

2. 接下来你想要更多地了解什么呢？

_____

有效
方法 **17**

跟上节奏

· ·

除了使用计时器掌控课堂进度之外，你还可以用投影仪将计时器投放到屏幕上，掌控学生独立学习的时间，使他们能够非常直观地规划自己的学习进度，这样不仅有助于课堂管理，同时也能让学生专注课堂上的自主学习。

教师常犯的错误就是进度过慢，也就是花费过长的时间进行一个教学活动。针对这个问题，解决的办法非常简单，即加快节奏。如今的教师要跟每小时运行无数英里的电子设备，如电视、电脑、手机，以及音乐等进行竞争。假如我们每小时只走一英里，我们怎么可能比得过他们。让学生动起来，你会发现他们惊人的专注力。

以下技巧可以让你加快进度。其中最成功的方法就是提前规划好进度。在教学

> 让学生时刻保持对课程的兴趣，他们回报你的将是惊人的专注力。

计划中，将课程每一部分所需要的时间规划好。教学进度就类似于设定人生目标，如果没有提前规划人生的目标，那么你的一生就会浑浑噩噩，没有方向。同理，如果没有提前规划课程的进度，那么你就会将主动权交与学生，课程进展就会受到影响。将课程进行分解，对于初中生，每部分的时间最长为20分钟，对于高中生则可以延长至30到40分钟。设定好定时器，

时间一到，就进行下一项活动。在每一部分时限到来之前，学生可能已经没有兴趣或者即将失去兴趣，所以你需要好好判断，如果学生仍然兴致勃勃，那么课程继续，但是一定要时刻关注学生们的反应，因为学生可能会很快又走神了。因此，每部分课程活动的内容一定要提前规划好时限，以最大限度地保证学生的专注力。

表3.1是一个针对中小学生的例子，这是一份简单的、分解好的、时长35分钟的课程设计，是根据玛德琳·汉特的著作而制定的（威尔森，2017）。

表3.1 课程时间分解和进度规划例子

时长（分钟）	学习目标 利用图表形式，理解、展示并分析诗歌中的拟人手法
5	导入：观看两分钟的《美女与野兽》（里面包含很多拟人的例子）的视频片段，要求学生回答：哪些物品在电影中能够活动而在现实中却不可以？ 建议答案：跳舞的茶杯，欢笑的喷泉。 先与周围同学讨论答案，再在班级里进行分享。
5	例子：利用投影仪将使用拟人手法的诗歌例子投放到大屏幕，将使用拟人手法的诗句的解释提前设置好以节省时间，并给学生讲解此处拟人手法的具体应用。 通过了解学习，全班一起为拟人手法定义，并与网上找到的采用拟人手法的例子进行对比。
10	讲解：在全班读完第二首诗歌之后，利用特别设计的教学法策略，全班一起重复该诗歌。然后请学生以小组为单位进行讨论，哪行诗用了拟人，以及如何使用的。接着，请学生为第二首诗歌中使用的拟人手法画幅草图，并简单介绍所使用的拟人手法。

续表

时长（分钟）	学习目标 利用图表形式，理解、展示并分析诗歌中的拟人手法
10	自主学习：利用前两首诗歌中学到的分析方法，请同学们独立使用图表形式分析第三首诗歌。 如果时间来不及，诗歌解释部分可以作为课后作业完成。
5	总结：让学生再写另外三个拟人的例子来评估对本课学习内容的理解和掌握。让学生与同桌一起讨论，并在班里分享学习所得。

小练习

我建议你下次上课的时候使用一个定时器，记录学生每节课保持注意力的时间。

1. 反思：每部分课程学习的时间是否超过20分钟（初中），或超过35分钟（高中）？过长的学习时间会导致学生出现精力不集中的现象。

2. 尝试在教学过程中利用定时器来帮你掌控教学进度，以适应新的教学节奏。

灵活控制音量

· ·

这一部分探讨的不是学生的音量，而是教师的音量，虽然这是一个常犯的错误，但改正起来还是很容易的。如果你正在跟学生进行一对一的对话，那么一定要保证只有你们两个人能听到谈话的内容。如果你是对整个班说话，就一定要让整个班都能听到你的声音。作为教师，我们一定要灵活控制我们的音量。

假如，此时你正在公共图书馆里看书或写文章，有人开始毫无顾忌地大声跟朋友聊天，你作何感想？是否还记得你内心沮丧和烦躁的感觉？此时我的想法是：开玩笑的吧？你难道没看到有人正在工作吗？当你用正常音量一对一跟学生谈话时，此时其他学生内心的感受就是这样的。所以在一对一谈话时，或者是在进行小组指导和教学时，学生围坐在你身边，此时一定要降低自己的音量，让自己声音的影响范围保持在一臂之内，也就是说一臂之外的距离（大约3英尺，合91.5厘米）不应该听到你的声音。有的时候为了不打扰班级整体的学习流程，蹲在学生身旁给他们讲解也是很有效的。

切记：距你一臂之外的学生不应该听到你说话的内容，以保证他们能够专注学习。

小练习

1. 学会用一臂之内的音量与学生进行单独对话，对其他同学有什么好处？

_____

2. 当你跟小组进行对话时，保持音量在一臂之内，对于全班的学习有什么好处？

_____

3. 当你在咖啡店或者图书馆时，是否被身边大声说话的人影响到？当时你是什么感觉？那样的环境对你的阅读或者学习有什么影响？

_____

提前规划，备好自己的课

· ·

　　让我们设想一个场景，朋友邀请你本周去参加晚宴。当你到达的时候，发现晚饭也没做，家里一团糟，而你的朋友看起来烦躁郁闷。你可能会想是不是自己做错了什么。此时，你应该帮助她还是离她远远的呢？你不经意地闯进这种状况，并试着要化解这种尴尬。但是你的临场处理经验不足，而且很明显你朋友无论是身体上还是精神上都还没有做好待客的准备。

　　而一个未做好准备的教师跟这个情景非常类似，我们肯定也都有过一两次这样的经历。我记得在执教第一年的时候，经常上课累得疲惫不堪，当时感觉自己的生活就是一堆堆待批阅的试题。我把书放在讲台上，在黑板上写下作业，内心觉得孩子们应该感恩于我而认认真真做作业，毕竟我在课后为他们付出了那么多。正如茱莉亚·罗伯茨在影片《风月俏佳人》中所说的一样，这个想法绝对是"错误的，大错，大错特错"。学生课堂学习的努力程度取决于你在课堂上的努力程度。学生走进教室后，看到桌子上的书就开始抱怨，只有几个学生打开了书。很快，整个教室就只听到我一遍一遍的像坏了的收音机一样的唠叨声："停下来……不要……什么！别……"

　　如果你确实需要学生做书上的作业，一定要让学生明白，你花费时间找的练习不仅对他们的学习至关重要，而且这些练习本身也是十分有趣的。然后，你就可以跟全班同学一起复习功课，把学习有困难的孩子单独安排在一边，等其他孩子自主学习的时候，你再来帮他们。这样做表明你确实是用心在思考如何教学。千万不要用速冻比萨来糊弄晚宴派对，也不要犯像我一样的错误：在黑板上写下几个书的页码、一个网址或者上网搜索的主题来糊弄学生，并以此祈求孩子能够保持安静。虽然有时候我们会觉得这样很轻松，但这样做确实非常危险，因为一旦形成习惯，学生就会这样想：这个老师从来都不备课。她根本不在乎我们，也不关心我们的学习。我们的校长曾经说过："教师也要做好功课。"所以一定要有备而来，提前备课。

现在再来设想一下还是受邀参加同一个朋友的晚宴，在这里，烹好的美食已经上桌，餐具摆放整齐，甚至主人精心准备的座次牌也已经摆放到位。当你走进房间，美食香气扑鼻而来，开胃小菜也已摆上餐桌，你能清楚地感受到朋友款待客人的热情和兴奋。你拿着自己准备好的美食（主人早已提前规划好，通知你带什么食物来），享受着即将到来的美妙夜晚。同理，如果教师在体力上和精力上都准备充分的话，学生的感受也是如此。教室里一切准备就绪，教师精力充沛，一节完美的课即将开始。

我以前常犯的错误是尽全力布置好教室，却很少花时间和精力理顺自己的情绪，而这往往会导致灾难性的后果。无论是早上还是下午，花几分钟时间整理一下自己的情绪，保持平静，精力充沛，然后准备好上课。如果你想要精益求精（三年来我就是这样做的），在上课当天早上，或者头一天晚上，将要上的课程在脑子里过一遍。我总会提前规划好课程，锁上门，关掉手机，提前过一遍上课内容，以进行查漏补缺，并提醒我在讲课过程中会出现的问题，比如讲课的时候，会用到马克笔，需要用到笔记，等等。课程彩排会让我在授课过程中格外自信，确保所需的一切资料都已经到位，并且总是胸有成竹。我能感觉到学生对我的认可，学生也能感觉到我对他们的关心。我们可以把自己当成个演员，正在进行带妆彩排，而这所有的一切仅仅需要几分钟而已。所以我建议你在教学的最初几年里一定要这样做，直到你养成习惯，信手拈来，就一切顺理成章了。

向学生展示你全身心做好准备的小贴士

- 如果学生是一个小组或者有搭档学习的话，把他们当天所需的学习材料放到一个篮子或者桶里。你也可以把他们当天需要用的练习题准备好，以防在分发过程中出现时间空档。新教师常犯的错误就是在分发试题的时候浪费过多的时间。我曾经观察过学生在分发材料（包括试题）的时候特别容易注意力不集中，从而失去学习热情。此时学生容易分神，开始说话。所以，一定要避免这种事情发生。

- 根据讲课的方式，提前准备好讲课的笔记。提前备好课件或者幻灯片展示也同样有效。然后在课程进行过程中，你可以做一下边注或者符号标记，以保持学生学习的劲头。

- 带一个计时器，对每部分学习内容所用的时间做到心中有数。一定要让学生知道你们一直都很守时，他们往往就会合理利用自主学习的时间。时间分配一定要客观合理，并且如果技术条件允许，最好把计时器展示给学生看（用屏幕提示或者在黑板上不断展示剩余时间）。

- 上课之初给学生讲清楚今天要学习的内容。介绍要简洁、相关，且能调动学生的积极性。

- 把需要分发的学习资料放在你的教学区，一定不要出现找不到材料的情况。学习材料是你讲课的关键支撑。

小练习

把你讲授的两门不同课程做一个T型图，左边是你未准备的课程，右边是你充分准备的课程，在各自旁边写下你在讲授两门课时不同的感受。

1. 学生对每门课的反应如何？

_____

2. 只有你自己最了解哪种方法最适合你，你要如何确保每天的课程都是精心准备的呢？

_____

有效
方法 **20**

采用目标明确的任务型教学法

· ·

我们经常进行小组学习，能有自由的空间感觉真好。

——扎克，八年级学生

在执教的最初几年，我一直感觉很累，很少有轻松的感觉。每天晚上备课到很晚，第二天又疲惫不堪，烦躁不安，睡眼惺忪地去上课。我根本没有办法提前一周计划学生要学习的内容，因为每天我不是忙着给家长打电话，就是忙着批卷子，还得应付白天管课堂纪律而带来的神经紧张不安和挫败感。仍然记得学生对我布置的课本作业根本不感兴趣，这让我百思不得其解。那个时候，我一直认为孩子们根本就不想学习。有时，我也会给他们编一些练习题，希望他们可以整节课都认认真真做完。那时的我与其说是个老师，不如说更像是个警察，在教室里来回巡逻，不允许学生说话，不允许学生捣乱。但无论我怎么做，他们仍然我行我素，所以我想，把学习内容打印出来分发给他们，也许会有用。我只是希望他们能够安安静静地学习。

现在回看以前，我发现真正能帮助我的其实是认认真真地规划好学习项目。如果当时我能设计一些学习项目，让学生发挥主动性成为积极的学习者，而我只需要担当一个学习辅助者的角色就好，那么结果可能会不一样。俗话说得好，活到老学到老。

研究型教学法效果显著。我敢说你肯定也不喜欢我最初执教几年的经历。曾经的你可能也是毫无激情，毫不兴奋，没有目标和方向。当你看不到未来的方向和前景的时候，你是否刚刚经历过分手，或者遭受某种损失，抑或是正处于人生的过渡阶段？最重要的事实是学生也是人。他们也如我们成人一样会生气，会害怕，会萎靡不振，但他们发泄的方式就是不做练习题。

我想你会理解。想一想当你计划出游或者度假的时候，你是多么兴奋，多么激动。你可能会马上积极地准备好各项工作，做好各种计划。你做这一切只为一个目的，因为你知道结果，也很清楚自己的打算，所以你的动机就很实际。

学生也是这样想的，学习项目就好像是他们的出游或者度假。他们是否清楚自己学习的目的？他们能不能做成作品展示给家长，或者社区看？他们是否可以跟同学辩论，向同学或者别的班级展示他们的所学？本单元学习的目标是什么？一旦他们确定了奋斗的目标，他们就会明白学习的意义，就会有动力努力学习了。然后，你的职责就顺理成章地转换成学习辅助者，只需要指导学生完成学习项目即可。

在学习开始之前，你花一点点的时间规划一下学习的目标和方向，那么不仅可以提高学习的速度和质量，还能增强学生的参与度，而且还能获得意外的收获，比如说学生捣乱的情况变少了，学生也会更有灵感。如果你在备课的时候没有规划学习目标和方向，只是希望学生能按照你的思路来，那么学生的反应就像你生活中没有目标、没有目的、没有规划时的反应一样。

　　这就意味着，在你开始一个单元学习之前，提前规划好学习的目标和方向。你可以给学生一周左右的时间来熟悉学习内容并建立自信，之后再告诉他们整个学习项目的内容，这样可以最大限度地防止学生由于学习压力过大而放弃学习的情况发生。或者也可以在学习之初就给学生描述一下即将要学习的目标和方向，告诉他们本单元需要创作、表演或者竞赛的内容。具体决定权在于你到底何时该跟学生讲清楚全部内容，但最晚不能超过学习开始之后一周。不能仅仅告诉学生他们要做的项目内容，还要让学生明白学习的目的和原因，只需要在单元学习之初花费一点点时间跟他们讲明白，就能极大提高学生的积极性和在以后学习过程中的满意度，绝对是事半功倍。最终也会让你感受到作为教育者极大的满足感，因为学生越努力，教师越满意。

　　问题导向型教学过程也是如此。区别在于学习的目的是学生学会解决问题，并给出一个完美的解决方案，学习过程同样也是有的放矢地进行，因此这与任务导向型创作实物有区别。根据你的教学任务，你可以选择问题导向型或者任务导向型教学法。

　　通过这两种教学法：

- 学生的行为问题显著减少。
- 学生学习会更积极，更有灵感。
- 教师的职责更像是学生学习的辅助者而不是领导者。
- 教师必须提前做好学习规划。
- 在学习目标明确的前提下，学习的目的性更强。
- 学生既可以进行创作也可以解决问题。
- 通常，完成一个单元的学习需要2~8周。

以下的例子是一个学习单元的介绍，学生可以清楚了解学习的目标。

教师：同学们，今天我们开始读小说。知道我们为什么要读这本书吗？这本书可以帮助我们理解一些问题，比如说什么是真正的朋友，如何看待有精神障碍的人，大萧条时期的生活以及其他的我们在历史课上学不到的方方面面，当然我们也可以在这些问题上保留自己的观点。我们读得越多，就越能养成一种阅读习惯，这种习惯会一直陪伴我们到高中直至以后的人生。在读书过程中，我们会做很多事情。首先，我们会进行很多次课堂讨论。其次，我们会讨论小说的结尾。读完小说之后，我们会做一个非常有趣的学习项目，所以务必要留意小说中人物的性格差异以及所有的细节内容。

那么从这段话中，学生刚刚究竟听到什么了呢？他们听到了要参与班级里的读书活动，你希望他们能够认真读书，同时他们也知道最后的学习项目是个未知之谜，而无论好坏他们现在也都无法评论，他们还知道你策划的内容远不止于此。这样学生的胃口被你吊了起来。这样的介绍就像是有人告诉你赢得了意外大奖，可以去热带旅游一样让人兴奋。如果你能再加一点惊喜的成分，那么这种悬念不仅能调动学生学习的积极性，也能增加他们对学习项目的期待。秘诀就是一定要让学生情绪高涨，吊足他们的胃口。他们会根据你提供的线索，发现最后的学习项目有多棒，此时你应该做一个敬业的"销售员"。

小练习

1. 你是否有过不清楚作业目的时候，那时你是怎么想的？

_____

2. 当你还是学生的时候，有没有做过非常有趣的项目或者学习单元，如今仍然让你记忆犹新？是什么让你乐此不疲？能否将其运用到你的课堂中来呢？

_____

3. 你是否认同目标明确的学习能够让学习效果最大化？为什么认同或者为什么不认同？

_____

4. 如何让学习的目标明确，且学生能够积极参与，感到乐在其中？

_____

挑战与支持并举

. . . .

我最喜欢上你的课，因为你的课最有挑战性，而且你给了我特别的帮助让我知道你是信任我的。

——凯伦，九年级学生

我们的老师总是很照顾我们，所以说他是最棒的。

——吉米，十一年级学生

《金发姑娘和三只小熊》中的金发姑娘既不喜欢太硬的床也不喜欢太软的床，最后她选了不硬不软的那张床。很多学生就跟这个金发姑娘一样。他们可能既不喜欢要求太低的老师，也不喜欢要求太高的老师，对他们来说，适中的老师才是值得尊重的。该如何把握适中的尺度？首先要给学生一定的压力，同时又要给予他们必要的帮助，并鼓励他们不断努力。既要让他们知道今天的学习内容很有难度，有一定的挑战性，也要告诉他们你会提供必要的帮助。

举个例子，假如你正在教诗歌，要求低的老师可能会让学生自己进行诗歌研究，然后跟同学交流各自的想法，或者给他们布置一些比较有趣但是要求标准很低的作业。活动有趣但是学习的目标能否达到呢？相反，要求高的老师可能会说："回去写两页的叙事诗，可以借助网络，但我会根据你的内容打分。"（注意：如果你的学生能力本来就很强，那就另当别论。）

适中的老师会把有难度的学习内容清晰地展现给学生。首先，她给学生一些叙事诗的例子。接着，快速将一首诗歌进行分解，并简单地进行分析（注意：此时不能提供过多的帮助，否则你要么低估了学生的能力，要么给了他们偷懒的理由）。然后全班会就叙事诗的话题进行头脑风暴，最后老师才会讲评分的标准和依据，之后学生们就开始完成任务了。在其他学生写作和借助电脑查询资料的同时，教师也会把一群学习有困难的孩子集中到一起，再额外对他们进行辅导。现在看出区别了吧？

学生会喜欢并尊重这样的老师，因为她给出的学习内容既有一定的难度，又能给学生一定的帮助，同时也告知学生评分的标准和程序，学生需要老师的指导并一起解决难题来获得高分。

慢慢地，这种教学方法进行下来，学生对你的依赖程度也会越来越低。到学期末的时候，你会发现，学生们已经能够独立进行小组展示、学习和交流了。学生们深受启发，而你的教法也非常成功，必将得到学生们的尊重。但在此之前，你还是要给他们一定的压力，给他们提供必要的帮助，那么在你的辛苦培育下，他们必定会茁壮成长。

在整个学年的学习过程中，教师要学会循序渐进，适时放手。举个例子来说，学年初，教师需要给小组内的每个成员分配任务，这样可以帮助学生们有效地进行小组合作。学年末的时候，学生们不需要老师分配任务也能有效地进行小组协作了。在学习过程中，学生们能够更加独立地完成任务，并能创作出更好的作品。也就是说，你只要给他们设定好了学习目标，提供些许专业指导，他们就能够高水平连贯性地完成既定任务。倘若他们遇到困难，你一定要给他们提供必要的帮助，助其成长。

小贴士：

● 如果你的课太简单，学生就会非常散漫，也不会需要你的帮助，那么师生之间的互动和联系就会很少，学生会感觉自己一无所得。

● 如果你的课非常难又不给学生提供必要的帮助，学生会感觉很挫败，上课缺乏兴趣，也会没有存在感。

● 教学的目标是要给学生提供一些具有挑战性的课程，并给予学生必要的帮助，如团队合作、项目参与、小组指导、理解确认，以及在学习过程中采用最佳的教学方法让学生有所得有所获。挑战与支持并举才能让学生找到存在感。

小练习

1. 要求过高的教师有什么样的特点？这样的教师会让学生有什么样的感受？要求过低的教师又有什么样的特点呢？

_____

2. 要求适中的教师会采用什么样的教学策略、教学方法和教学习惯呢？这样的教师会让学生有什么样的感受？

_____

3. 你认为自己属于哪种类型的教师？你希望自己将来朝哪个方向发展？是否存在"灰色地带"（无法界定孰优孰劣）呢？

_____

敢于在教学中冒险尝新

. . . .

　　敢于尝新才能取得教学上的巨大成功。我记忆最深刻的教学经历就是我在课堂上尝新的时候。所谓的尝新，就是设计学生从未做过的任务，或者说你不敢想象他们能做的事情。当你准备尝新的时候，首先要设想尝新成功的场景，然后指导并鼓励学生实现你所设想的成功。尝新只有两种结果：学生们要么成功，要么失败。但秘诀在于，只要你教会他们必要的技巧，鼓励他们，信任他们，然后放手让学生去做，最后他们通常都会成功。我一般是在学年末学生们已经信心满满、准备充分的时候，给学生们布置最具挑战性、最艰巨的任务。

　　第一次让学生尝新的时候，孩子们确实都表现得非常成功，但在此前一个月我几乎没有安睡过，因为我不确定如果学生们完不成任务该怎么办。那是八年级的最后一个项目，我把学生分成小组，然后给每个小组分配一个本学年学过的概念。要求学生们创作一首诗歌，并运用道具、动作和手势方式表达出来。经过深思熟虑之后，我决定邀请一名低年级的学生来当观众。而学生们却觉得没准备好而更加惶恐。经过反复排练之后，学生们的自信心慢慢建立起来，此时，他们的状态好极了。我的导师建议我可以把事情搞得再大一点，比如邀请全校来观看表演，这是我之前从未敢想象的。思考之后，我决定照办。

为了让活动看起来更正式，我给全校师生包括管理人员都发送了电子请帖。其他班级一个接一个地做出回应，管理层也是如此。每天我跟学生一起利用实物投影仪查看电子请帖回复情况。他们都感觉到了巨大的压力，投入的程度已经不能用积极参与这样的词汇来形容了。他们清楚地知道此事的影响将会超过我和全体同学的想象。演出当天，礼堂挤满了学生家长、学校管理人员、学生和老师。学生们看到其他班级接连不断地来到礼堂，一个个震惊得不知所措。他们从未想到会有这么多人来观看他们的表演。他们在舞台上尽情表演，虽然最开始有点紧张，但演出还是大获全胜，全体观众为他们长时间起立鼓掌，孩子们一个个笑得合不拢嘴。他们成了全校谈论的热门话题，我又能安睡了，因为我的孩子们成功了。

还有一次是班里的一个学生弄坏了教室里的电脑，我也尝试了创新的办法。我面临三个选择：第一，假装什么都没有发生，然后一切照常；第二，跟全班学生就电脑保护、问题补救以及惩戒措施等进行一次严肃谈话；第三，把这次事件当作一次人生教训，并利用它做一次实例教学。因为我基本可以确定是谁做的，并且知道他不会承认错误，关键是也无法证明是他所为，所以我选择第三个选项，因为这是难度最大也是效果最好的选择。我希望学生通过此事能够懂得事情的严重程度，而且我也希望学生们能够知道学习是第一位的，我们可以一起努力，共同打造一个小集体。

我把学生们集合到一起，告诉他们事情的原委始末。我解释说，以后每节课都有可能不能再用电脑了，此时学生们开始互相指责，我制止了他们。我告诉他们我不知道该怎么办，所以希望得到他们的帮助。事实上，我可以私底下请技术部门帮忙解决这个问题，毕竟这种事情时有发生，然而，直觉告诉我，这是一次绝佳的学习机会，所以我要好好利用。

全班同学花几分钟时间聚在一起，针对如何赚钱修电脑出谋划策。最后，我们决定通过洗车来赚钱。午餐时间，我们制作了一些宣传海报，同时我利用关系获得了一份许可，我们班每个同学周六可以在学校洗车。最开始，我很担心周六那天会没有人来，所以我提前安排好了替班人员。洗车日的那天早上，我很早就到了学校，可是一个学生都没来。我深吸一口气，坚信他们会来。渐渐地，学生们一个个面带笑容来到学校，有的甚至还带来了他们的宠物狗。我看到了这次艰难的课充满关爱的一面，这是我以往从未看到过的。那天早上，学生们筹集到了300美元，并且感到班级更有凝聚力了，我们成了一个团结的大家庭。这一经历让我们清楚看到在接下来的一年里，同学们必将互帮互助。我敢于尝新，相信学生，并期待最好的结果。

小练习

1. 当你要冒险尝新的时候，你给学生传达了什么样的信息？

_____

2. 如果你尝新之后，学生失败，最糟糕的结果是什么？

_____

3. 如果一切按部就班，你没有任何尝新举措，你给学生传达了什么样的信息？

_____

有效
方法 **23**

如何跟学生请假

作为一名教师，你见学生的次数比见一些朋友的次数都多，对于学生来说，也是如此。这么说吧，学生会在你的陪伴下快乐成长。最重要的是，他们学会了如何信任可靠的成年人。获取信任最有效的方法之一，就是要做到可靠和始终如一。然而，我们都知道世事难料，所以，我们怎样才能做到缺课一天，同时又不会失掉学生对我们的信任呢？

首先，不要请太多天假。学生们尚未成年，总是以自我为中心，所以，他们还无法彻底明白——世事难料，熟人结婚，家里有事，总有那么几天你无法到校上课。

事先计划请假

如果你知道哪一天要请假，那么巩固你与学生之间信任的最有效方法，就是在请假的前一天，与学生交谈五分钟，即便你只是离开一天，最好也要这样做。让学生知道你真的很抱歉（个别学生可能会开玩笑并鼓掌起哄），但大部分学生会真心地感恩你告诉他们。告诉学生你请假的原因（如果合适的话），说的时候要有度，做到坦诚和目的明确。如果第二天你就回来的话，也记得告诉他们。

　　比如这样说：同学们，我想严肃地跟你们说件事，大约五分钟，请大家认真听。本周六，我最好的朋友要在弗吉尼亚州举行婚礼，我受邀参加，因此，我明早必须乘飞机前往。很抱歉，明天我不能来上课了，但周一就回来。现在我们来说一说该如何尊重代课老师。当教室里来新老师时，我希望你们都是什么表现呀？（有的学生可能会问你关于婚礼的问题，这很正常，告诉他们新人的名字，让他们明白你只是一个普通人，而不是一个"扔下学生不管"的老师，最后，他们都会更加感激你的。）

　　我教过的一些学生现在还记得，我四年前飞到弗吉尼亚州参加婚礼这件事。他们之所以记得，是因为我告诉他们我和我的朋友相识的过程，以及我去参加这场婚礼的重要性。回来之后，我向他们讲述了婚礼上发生的一件有趣的事。有那么一刻，他们为自己已融入到我的生活之中而感到高兴。如果我事先没有告诉他们，那么我就变成了那种"无故请假的老师"。这类交谈不仅会丰富学生的知识，还会体现出你重视他们的学习，也重视他们对你的信任。

突发事件请假

　　这种情况确实时有发生，但别让它发生得太频繁。否则你请假这件事，学生会"耿耿于怀"的。如果我生病了，我会提前准备好一封信的复印件（复印件有时是一个很好的替代品）放在办公桌上，或者我会发邮件告诉代课老师，让他帮我向学生转达说我病了（倘若方便的话，我通常会详细地写明我得了什么病），并且告诉学生我知道他们的课堂表现。我会让代课老师在课上把我的信大声念出来，并且用投影仪把信展示给那些只相信"眼见为实"的学生看。

　　在请假这件事情上，最主要的就是要尊重学生，把他们当作自己的家人。老师请假会给学生造成很大影响。所以尽量每天都去学校吧!

小练习

1. 如果你要请假的话,你会提前跟学生说些什么?

_____

2. 你认为学生对你的请假有什么样的感受?

_____

3. 如果你请假的话,该如何防止出现纪律问题?

_____

运用创造性的管教方式

．．．．．．．．．．．．．．．．．．．．．．．．．．．．．．．．．．．．．．．

当你"放松警惕"时，惊喜就会随之而来：因为学生意识到，你把他们的利益和学习放在了首位。这意味着，你只需花一点时间来管理课堂纪律，学生就会听你的，并认真对待。时不时还是会有学生做一些与整个班级的价值观和学习环境冲突的事情（因为我很少整顿整体班级的纪律，学生知道这很严重）。然而，大部分的纪律问题仍然需要你私下及时地与犯错学生沟通。

在我后期的教学生涯中，我记得我有三次坚定自己的立场，帮助学生营造了更好的学习环境。

第一次是在学年中期，我让学生去做一些对他们学习有帮助的事，但他们拒绝了。我安排他们在教室里的特定区域与特定的小组一起学习，但他们极其不配合。事先我是根据学生们的特长分配好小组的，这样他们可以互相帮助学习。但学生们想按照自己的意愿选择学习伙伴和地点。现在，学生通常都能听从我的指示，但一旦有学生开始"违抗"，这种趋势便势不可挡。尽管这种情况很少发生，但如果发生了，我会在私下很明确地告诉那位学生必须停止这种行为（还会把他们的家长叫来一起讨论）。①我知道我必须要强硬起来，否则我将会花上整整一年的时间，让学生明白什么时候该听从老师的安排。

我希望学生知道，他们不能目中无人，但老师和他们之间有一种良性的关系，这种关系使他们可以体面地、明确地表达自己的感受，而不会受到评判或责备。听取他们的意见是很有必要的。如果他们说错了话，你不一定要马上纠正。你应该引导他们如何有礼貌地说话，而不是等待他们犯错。通常我的建议是这样：如果学生故意表现出不尊重或恶意相待，那么这就是一个大问题了。如果他们是无意的，我会纠正他们的言行，他们也会知错就改。他们明白，无论何时何地何种方式，只要他们来向我诉说烦恼，我都会倾听。违抗指令和开放的沟通是两回事。

在违抗指令这种情况下，学生们不仅表现得目中无人，还会耽误学习，这绝对是双重打击！因此，我们必须迅速掐灭学生的这个念头：要清楚地告诉学生，他们此时无权选择说"不"，我所做的都是对他们学习非常有帮助的，但课后我会听取他们的意见。我会非常冷静严肃地跟学生讲明这一切，目前，学习必须继续进行，而且他们今天无权选择学习伙伴，但将来会有机会的。

下课前5分钟，我准备向全班同学重述那天我感到失望的原因。我让他们来告诉我，而不是我告诉他们，这样他们就可以彻底明白我失望的原因。有时，我甚至会换一种方式：我先说，然后他们再复述一遍。这也是对他

---

① 高中教师在是否要请家长和何时请家长的问题上有着不同的看法。如果学生需要额外的支持，我通常会请家长来，特别是在九、十年级的时候。当家长在场的时候，高中生的防御性会提高。当你可以赋权学生自主改变形势的时候，你就获得了最大的胜利。用你的直觉来决定是否给父母打电话。

们是否理解的一种有力检验。他们告诉我，我失望是因为他们的行为充满挑衅——影响了大家在教室里学习。我非常清楚地表明了我多么重视他们的教育，一些同学因为其他同学违抗老师而受到了影响，这对他们是非常不公平的。对于班级来说，学生完全明白你失望或严厉的原因是非常重要的，否则他们可能会重蹈覆辙。重述之前，一些学生认为我失望的原因是因为他们想和自己选择的伙伴一起学习，但事实并非如此。学生和学习的最大利益受损，才应该是老师感到失望的原因。

第二次是有几个学生连续一周都对我无礼，绝不能让事情再恶化下去。那天我提高了嗓门，反应有点过激。我向他们明确表示，我生气不是因为他们太爱说话，而是因为他们对我不当的言行举止，在表述过程中，我使用了"我"开头的句子：

> 我想向你们清楚地表明，为什么我感到非常失望，不只是对少数学生，甚至对整个班级都很失望。我珍视尊重。我总是尽我最大的努力尊重你们，你们却故意选择无礼。我需要你们明白这是错误的，并马上改正。我今天并没有因为你们话多而生气。尽管这种行为在课堂上不允许出现，但也无法避免。班级就是这样的。然而，你们大可不必这样无礼。我要你们明白自己犯下的错，并且现在就马上改正。

然后，在课余时间里，我会故作沉默（因为我天生就有一颗非常宽容的心，所以我不得不假装冷漠），并且让他们知道，我多么重视学生对老师恭敬礼貌的言行。之后，他们就明白了。从此，我的学生变得非常有礼貌，且程度远远超出了我的期望。

第三次是关于偷东西。我一直觉得偷东西是班里最恶劣的事情之一。如果你能及时发现有学生偷东西，那么你就可以阻止它恶化下去。在我执教第一年时，我的笔记本电脑和手机在教室里不见了。某个学生翻遍了我的包，拿走了它们。（我感觉他好像把我的尊严也偷走了，因为我觉得自己不再像个老师了。）我觉得自己被侵犯、伤害和背叛了。我哭了，并对此感到困惑。这是谁干的？我自己的学生怎么能做出这种事？如果永远都不知道是谁偷的，我就得把每个学生都当成嫌疑犯。在学校管理部门的帮助和调查下，我终于找出了这名小偷，他也受到了地区法规的惩罚。然而现在，我知道绝不能让小偷小摸再上升到偷窃的程度。

在我执教第七年时，情人节那天，一位家长给我送来巧克力。我觉得这位家长非常体贴，于是我满脸笑容地向全班展示了这盒巧克力，并把它放在讲台上。下课后，巧克力不见了。天哪，是谁在跟我开玩笑吗？我知道我并不是要找到偷东西的责任人，因此，我认真想了想该作何反应。以下是思考之后的三个选择：

1. 第二天，告诉全班同学发生了什么事，他们应该会互相指责，或者责备一个无辜的孩子，或者永远也搞不清楚，这样学生就知道他们可以从我这里拿东西，而且根本没有人会发现。因此我就变成了那种"任人宰割"的老师。

2. 做一次私人调查，把巧克力找回来。

3. 做一些更有创意的事。

我选择了第三种方法。巧克力肯定是找不回来了，但我必须向学生证明我是一名捍卫尊严的教师。如果必须孤注一掷，我们的底线是：保障学生的安全、志气和

> 随着教龄的增长，在遇到特殊事件时选择做出何种反应成为教师的一种超能力。

学习。因此，我决定"小题大做"。首先，我用胶带圈出了巧克力原先所在位置的轮廓，就像警察在犯罪现场画的痕迹固定线一样。我从保管员那里借来了一些黄色的警戒线，把教室的前半部分——原先巧克力所在的地

方围了起来，在周围布置了一些橙色的小圆锥体。把桌子底下所有的椅子都搬到"犯罪现场"的前面。我还在画架的纸上用大字写了一句话"为什么要拿走巧克力？"但事先在上面盖了一张白纸，所以学生们进教室时看不到这个问题。（这是我办公室里一位年轻教师想出的办法，他总有一些奇思妙想。）

学生们走进教室时，我静静地坐在椅子上，表情严肃地盯着他们面前的奇怪现场。我在投影仪上发布了一个课前练习，向他们提出问题——当信任的人拿走他们的东西时，他们有何感受。我在每张椅子上都留下了一张便签，他们在便签上写下了自己有多么受伤，并且感到背叛。然后我（仍然严肃地）跟他们说我也有同样的感受。我让他们知道，直到现在，我依然信任这个班级。我还对他们说，他们觉得自己的资料和物品在教室同样很安全，这一点对我来说真的很重要（记住，这不是你和班级之间的冲突）。然后，当他们理解了我的担心之后，我把画架上的纸拿开，学生们看到了这个问题："为什么要拿走巧克力？"这一刻，他们难以忍住，咯咯傻笑起来，而我仍然一脸严肃。

我严肃地解释道：我已经打电话给联邦调查局，让他们对犯罪现场进行彻底调查，我可能还需要其他的信息。我还说小偷可以匿名坦白，目的是恢复教室里的信任和安全。在我们开始"调查"之前，我差不多已经猜出小偷是谁了。然而，在课堂上，当全班同学都在笑巧克力事件小题大做之时，一个不是我怀疑的男孩，交叉着双臂，不停地抖动着脚，满脸通红。我能感觉到他的不适。我觉得这个很有趣。我已经掌握了所有需要的信息。之后，我私下与那个男孩进行交谈。他不肯承认，但我知道就是他干的。之后我"拆除"了犯罪现场，此后，那个男孩跟之前一样再也没有犯过任何纪律问题。他知道那是我的教室，我的领地。我还听他对朋友说："我现在是一个诚实的孩子了。"我知道巧克力是找不回来了，但我决定利用这次偷窃事件来赢得全班的支持。

如果是贵重物品丢失，我还会这么做吗？答案是，这种事情根本不会发生。因为从我执教第二年开始，教室里再也没有丢失过任何贵重东西，因为从一开始我就制止了那些小偷小摸行为的发生：如丢失的马克笔等。我做这些就是防止学生犯下的小罪慢慢累积成大罪。

现在，在我的教室里，物品无须上锁。之所以这么做，是因为我要让学生知道他们值得信任。而他们也确实感受到了。在这一点上，你也可以根据班级的情况自行决定。我仍然完全信任我的学生。他们知道我是负责人。其他老师会有不同的处理方式吗？我认为很可能会有。然而，我还是跟着直觉走。后来，我觉得班里很安全，我也知道以前丢过的东西是谁拿的，但从那以后，连一根马克笔也没有丢过。

一定要相信自己的直觉，懂得如何创造性地管控学生的行为，或者也可以先让别的老师来管理。记住，教学就像一场舞蹈表演；每个人都有他或她自己的风格、节奏和动作，我们都重视技巧的各个方面。尝试一些新的方法，即使不成功也没关系。勇于承担风险，哪怕是陷入困境也不可怕，这些都是获得经验的唯一之道。而且这也只是个小错误，下次你还可以再试试别的方法。不要害怕创新，比起传统的行为管理方式，学生会更欣赏有创意的管理方式。我甚至用不着对学生大呼小叫，只用了15分钟就解开了巧克力失窃之谜。如果是你，你会怎么做？

小练习

1. 教室里你绝对不能容忍的行为是什么？不能容忍的事情不应该是某个具体的行为，而是正在遭到破坏的价值体系。你如何用你的实际言行告诉学生这一点？

_____

2. 你是否告诉过学生，你不能容忍的事情是如何对学习产生负面影响的？你怎样才能以一种把学习放在首位的技巧性的方式来解释呢？

_____

3. 回想一下你最后一次管理课堂纪律的情形。这是开始创造性管教的好时机吗？为什么？

_____

学会调控教室里的噪声

· ·

任何一个老师都很难在初次上课时就搞清楚教室里的噪声状况。仍然记得，我作为教师最大的失败就是试图控制教室里的噪声。我曾经教过一个有25名学生的八年级班级。我让他们别讲话，保持安静，然后开始上课，但他们根本不听。我提高了嗓门，觉着这样做会有效，但事实是根本不起作用。我在想，也许他们只是不知道安静是一种什么样的声音。

我决定另辟蹊径，让他们知道，他们能做到保持安静。我给他们每人分发了一卷透明胶带，半开玩笑地说（此时我还犯了一个错误：试图与他们为友）："用这卷胶带封住嘴，我想让你们听听安静是什么声音！"孩子们玩得很开心。他们用胶带封住了嘴巴，在空气中挥舞双手，用鼻子发出"嗡嗡"的声音。现在我终于看到了25个安静的、面无表情的学生。就在这时，我的领导和另一位教师走了进来。此时此刻，任何一个教师都会担心自己是否做错了事。我也不例外，因此当看到领导的表情时，我知道，毫无疑问：我也搞砸了。当天晚些时候，她叫我去开会，问我是不是在做什么实验。我很清楚，在学生的嘴上贴胶带并不在我的课程计划内。因此我承认是在做实验，并且也明白了必须想办法在不借助任何办公用品的情况下控制噪声。很庆幸领导那天没有取消我的教师资格。

控制噪声的其他技巧和想法

- **利用箱式风扇。这一招有点独特，但很奏效。** 在我执教的第八年中，我总会在某个地方放一个能随时打开的箱式风扇，并且声音越大越好。它能让学生一直学习下去。风扇的声音有一种抚慰人心的作用，能让学生一直学习、保持安静。在任何需要安静的活动中，比如考试时，这一招特别有用。

  一旦学生开始默读或考试，我就会小心翼翼地打开风扇，并吹向墙壁，这样他们就不会感觉到有风（这一点很关键），学生的潜意识就会发挥作用，也就能安静地学习。如果你告诉他们你这么做是为了让他们保持安静，那么这个办法可能就行不通了。别让风扇吹向学生，并把风扇调到快速模式，然后离开。学生通常不会注意到风扇，继续安静地学习，好像他们身上的启动按钮开启了一样。我把风扇放到最高处。箱式风扇的噪声也会掩盖椅子的吱吱声、脚后跟的咔哒声和其他能打破安静的杂音。

- **如果教室需要保持安静，你自己也不应该说话。** 如果有学生小声说话、议论，或者打破了安静的环境，你可以用手指放在嘴上做出禁止发出噪声的手势，来调控教室里噪声的大小。每次你一说话，就会打破这种安静的环境，从而增加教室里的噪声。一个眼神和一些无声的信号可以发挥奇效，能给学生提供一个安静的学习氛围。

  为了使课堂保持安静（比如在考试期间），你可以这样说："作为一个班级，我知道有些同学需要一个安静的环境来发挥他们的特长。让我们互相尊重，让整个班级保持安静。我非常感谢你们尊重彼此的学习需要。我相信同学们也会喜欢这段安静的时光。如果你们有什么需要，请举手，我会来帮助你们。"

  这样学生就会明白为什么应该保持安静，因为你将整个班级的利益放在首位，同时你也非常愿意去帮助那些需要帮助的同学。任何需要帮助的学生都可以简单地举起一只手，你便可以安静而谨慎地回答他们。切记，在回答学生问题时，音量的辐射范围要保持在一臂以内。在考试时，将这个声音压得更低，你就会满足教室里所有学生的需要。

- **如果你在做游戏，就让学生们放开声玩**，但要保持秩序，让学生的活力及热情充满整个教室。这样做游戏才会变得更有趣。给学生们一些指导，或是一些限制，比如：

    - 不得互相争吵或与裁判（老师）争论。

    - 为你的队伍加油。

    - 请记住这个游戏对学习有帮助。

    在游戏开始之前，你可以将规则写在黑板上，这样如果他们不小心违反了一个规则，你就可以指向这些书面提醒。如果他们很兴奋的话，很可能会不小心打破这个限制。（只要牢记：你，作为教师，永远要掌握局面。）你肯定没看过非常安静的足球比赛。做游戏，尤其是竞争激烈的游戏，配上一点小噪声也会更加有趣。

- **如果学生正在做作业，让他们互相提问。**我这样给学生解释预期的噪声水平："你们在做作业时，我唯一应该听到的对话，就是你们在有问题时，向邻座寻求帮助。我想确保你得到了你想要的帮助。除此之外，请专注地做作业。"一些学生可能需要一些提醒，你就给他们一个提醒的表情，或者用手比个动作，让他们专心学习。

    注意不要对一点噪声就反应过度。我们在反应过度时，展现给学生的会是失控的窘态，并且缺乏冷静和克制的领导力。我们应该保持掌控者的形象才好。

小练习

1. 回想一下你最喜欢的课。你的老师允许你说话，甚至大声说话吗？你觉得那个老师有掌控课堂的能力吗？

_____

2. 你的学生如何知道，在某些活动中，哪些程度的噪声是可以接受的？

_____

3. 你个人对噪声的程度有什么看法？如何利用其他声音辅助课堂教学？

_____

有效
方法 **26**

让学生学会团队合作

· ·

我们都互相学习。

——玛丽，八年级学生

团队合作既可能是你最大的盟友，也可能是你最可怕的噩梦。如果你问学生，他们几乎总是回答说他们喜欢团队合作。

这可能是因为：

● 他们享受和其他学生一起学习的社交过程。

● 他们不需要问你，便能获得所需的帮助。

● 有其他同学的帮助，作业很容易完成。

从教师的角度来看，团队合作是有益的，因为：

● 学生一起学习时，可以学习社会技能。

● 学生向你提的问题会变少，因为他们会互相提问题来寻求帮助。

然而，有时候的团队合作很快就会以失败告终。我发现每个班的情况都不一样。有些班级配合得很好，有些则不行。团队合作远远不只是把桌子拼在一起那么简单。

学会团队合作的小贴士

- **如何给学生分组。**给学生分组有很多方法。考虑一下你希望他们实现的目标。如果他们独立完成作业有难度的话，则需要进行纳入不同层次学生的分组形式。这就意味着把不同技能水平的学生聚在一起。这样，每个小组都有一个"小老师"来帮助其他同学。如果你不这样分组，所有的低水平学生就会陷入困境。这对每个人来说都是一场噩梦。你也可以让学生两人一组，或者三人一组。四到六人的小组通常效率最高，规模越大，他们的学习效率就越高。

- **提前安排好小组成员座位。**在学生进教室之前，就分配好小组成员的桌椅。团队合作是否成功，很大程度上取决于课桌如何布置。如果一张桌子被推到一边，那个学生可能会下意识地认为自己不是这个群体的一部分。你甚至可以让一群学生坐在教室中舒适的角落里，并铺上地毯。我一般不强迫学生坐在地板上。那样看起来很残酷。（有些穿着裙子的女生坐在地板上会觉得不舒服，有些体型较大的学生也会感到不适。）如果你让他们自己选择座位的话，即便是高中生，也会有一到两组的学生会抓住并好好利用这个机会的。

- **给每个学生安排角色。**确保所有的学生都"各司其职"。例如，一个学生可以成为"辅助者"，另一个学生可能是"录音者"，第三个学生可能是"应答者"，以确保每个人都参与其中。你也可以任命一个组长，让他随时向你汇报。我也曾不给小组分角色，旨在让天生的优点自然地呈现出来。是否分配角色取决于你的教学目标、学生的年龄段，以及你对学生的了解程度。

- **给予书面和口头指示。**只有当团队成员不知道该做什么或承担什么责任时，这个团队才会分裂。确保给每个团队提供书面和口头的指示。由于课桌通常安排在教室的各个角落，所以最好为每一组学生都制定一套书面说明或流程。

- **使用评价量表和每日评分系统。**如果需要的话，你可以每天给学生一个团队参与表现的成绩或分数。在他们开始小组作业之前，先看一遍书面的规则，明白在团队作业中他们将如何得分。有例子的评价量表可以避免不必要的争论。在布置作业之前，一定要仔细地浏览一遍评价量表并把评价项目展示给学生看。如果在课上，你能快速打分（评分标准是基于作品和课堂表现的话），并让他们能够立即看到分数，这非常有益于他们第二天继续保持优良行为和持续完成作业，或者也有助于改善第二天他们在团队中的表现。

　　有时你可以让学生自由选择小组伙伴或团队，但这样做可能会让一些学生有疏离感。如果让学生自由选择小组，你可以采用一种策略来确保每个人都有"归属感"。如果其他同学都不太愿意选择某个同学为小组成员，这通常是因为这个学生不能在团队中很好地学习。这种学生很少能意识到这一点，并表示："我喜欢独自工作。"学生独自完成一些任务是可以的，但在当今世界，我们需要学生知道如何在团队中工作，如何完成任务。这些都是21世纪所必需的技能。

　　如果我班里有这样的学生，通常我会在前一天假装不经意地问她，在班里和哪个同学相处得好。她说出的名字可能会使你震惊，因为往往这个名字通常和你所想的不一样。

　　假设艾米是一个从来没有被选为小组成员的学生。艾米在谈话中告诉我她和达林相处得很好。然后，我会在达林的桌子上放一张便条，问他："今天我的课上要分小组，你会让艾米加入你们的小组吗？"我会把纸条放在那里几秒钟，等学生说"会的"，然后纸条就被揉成一团扔掉，以防艾米看到纸条内容。

当我宣布分小组时，达林会走到艾米身边，邀请她加入他的小组。艾米很可能会害羞。她会答应达林的请求，也许同时也会耸耸肩，表现出满不在乎的样子。这个时候你不要去看艾米。因为她会想你是否和这件事有关。你应该专注地"当老师"，让学生顺利组成小组。现在，艾米加入了一个小组，她觉得自己有了归属，就会把任务完成得更好。因此，你也几乎不用担心她会出现什么差错，达林也自我感觉良好，这是双赢。

如果前一天你没有时间与学生对话，可以跳过这一步，在课上挑一个好榜样，让榜样选择那位学生。我建议使用便签，因为学生会"耳听八方"，如果学生不知道我们事先的安排，那么这个方法就是最有效的；这样每个人都觉得自己有了归属。我甚至在教高中时使用这个策略，也屡试不爽。

小练习

1. 在学习项目中，你会给小组成员分别分配什么角色？

_____

2. 学生自由选择小组的优点是什么？老师分配小组的优点是什么？如何评判孰优孰劣？

_____

3. 除了课堂成绩之外，你还可以根据什么数据资料来为学习项目进行纳入不同层次学生的分组？这些数据资料如何能帮助每个群体在学习上取得成功？

_____

4. 在你的班级里，有没有被弃选的学生？这个学生在你们班的团队合作中表现如何？你想试试上面的策略吗？请说出理由。

_____

鼓励学生发挥源源不断的创造力

· ·

创造力让学生更积极。传统教师一般不善于发挥创造力，因为当我们成年以后，学习过程都是按部就班，很少会创新。创造力使得教师必须跳出固有的思维模式。学生爱学习的秘诀是允许他们发挥创造力，同时在他们学习的过程中给予必要的协助。

有没有看过肯·罗宾森2007年的TED演讲：《学校扼杀创造力吗》（Do Schools Kill Creativity）？这个演讲充分说明了创造力在课堂中的重要作用。如果你还未看过这个视频，我强烈建议你跟同事一起看一下，确实引人深思。

那么，作为一名老师，该怎么做呢？最好的办法就是在规划好的课程中鼓励学生发挥他们的创造力，当你把创造性引入课堂之后，你会发现，最不爱学习的学生都变得积极主动了，这是因为创造性不会限制他们的学习，反而有利于发挥他们的主观能动性。

课堂融入创造力的小贴士

- 对于学习项目来说，让学生们选择呈现项目最终成果的方式（比他人更有创造性）。

- 课堂上采用多种学习参与方式激发学生的创造力（参见有效方法28）。

- 一定要表扬发挥创造力的学生，这样其他的学生会知道你重视课堂中的创造力，他们也会受到鼓舞。

- 如果学生对课程或者学习内容有不同的想法，可以在课上或者课后与学生讨论并认真倾听。学生往往会提出最有创意的观点。一定要跟学生解释清楚他们的想法可行或者不可行的理由，这样会激发更多的创新思维。

- 善用资源：网络资源、朋友甚至是社会媒体都能给你提供教学内容的创新想法。推特、在线教育平台等上面都有一群非常敬业的教育专家，我经常给他们发信息寻求建议，同时也给其他教育者提出建议。

小练习

1. 你如何看待教学中创造力的价值和重要性？

_____

2. 你认为创造力会提升还是降低学生的学习积极性？为什么？请给出几个例子说明。

_____

3. 你曾经遇到过的最有创造力的学习项目、学习内容或者课程是什么？学生的反响如何？学生的学习效果如何？

_____

因人施教：识别学生的不同学习类型

· ·

　　我喜欢这个课，是因为这个课堂互动性很强。

——萨拉，九年级学生

（讽刺的是，这是一名自知-自省型的学生）

　　如果一张练习题、一个讲座、一台电脑对每个人都适用的话，那么这样的课上起来就简单多了。但世界是多样的，课堂也同样如此。学习者的类型各异，学习方法也不尽相同。经验丰富的教师深谙此道，必定会因人施教，不拘一格。

　　我仍然记得，我参加的第一次工作面试是到位于费城近郊的一所久负盛名的高中。他们要求我就语言艺术设计一堂30分钟的课，内容我可以自选，受众是一群十一年级的学生。但面试过程中，我的实际受众却是6个管理层人员。因此，我犯了一个非常低级的错误，只是绞尽脑汁设计上课的内容，却根本没有考虑到讲课的方式。

　　我讲的是莎士比亚的作品。我带了幻灯片来到教室，便于展示他的作品，之后利用便条卡讲了20分钟的莎翁生平介绍，整个过程我一直都紧张得发抖。讲完生平，我回答了几个成年人扮作学生提的问题，之后，我给他们发了一张练习题来检测讲过的内容。出人意料的是，我竟然没有被录用。

经过反思，我意识到，我犯了许多新教师都容易犯的错误，那就是一直在给学生展示我多么聪明，多么博学，一直在传授我所学的知识。如果时间快进七年到现在的话，重温彼时的情景，我会怎么做呢？

首先，我会先问学生，关于莎士比亚，他们知道什么，然后把信息快速记录在黑板上或者屏幕上，让学生们明白，他们已知的信息非常重要。接着，我会播放一段两到三分钟的视频介绍莎士比亚，并要求学生在观看时用便利贴记下更多信息。之后，我会问学生他们在短片中学到的内容（或者也可以要求学生用KWL表格①记录他们想要学习的内容）。学生可以共享学到的知识，这样就可以建立一个班级先验知识库，以备后期参考使用。然后，我会给学生发一份填有部分莎士比亚作品和生平事件的时间表，其余的需要学生自己补充完善。而这些信息他们可以从我给他们的网络资源或者文章中，或者从打印出来的资料中找到线索，比如人物传记、报道性文章，甚至是诗歌。通过这种方式，学生可以进行小组合作或者与搭档合作，阅读不同体裁的文章来练习使用语码转换。

之后，学生可以总结一下学过的内容，我也会就他们集体研究学到的知识，扼要概述莎士比亚的生平和作品，以确保我们保持同步。课程结束之前，学生先与搭档分享在课上学到的莎士比亚的知识。然后，我们再以班级为单位进行分享，并将分享结果添加到班级的知识库内。最后，我们可以一起把先验知识库内不属实的信息划掉。这样仅仅用一节课的时间，

---

① KWL表格是一个好用的学习策略，可协助学生变成较佳的阅读者，以及协助教师在教学中与学生有更多的互动。K代表"你知道什么？"（What do I know），W代表"你想学什么？"（What I want to learn），L代表"你已经学会了什么？"（What have I learned）。

学生们就可以直观地学到想要的知识。

这节课是不是与之前的课差别很大？而这只是其中一个教学方法，并且适用不同的学习方式，也就是说，不同类型的学习者都能积极参与并从中受益。相反，第一种教学方法仅适用于语言学习者或者听觉型学习者。普通课堂的学生会有一半以上对学习内容不感兴趣或者假装在听讲，理解的效果与第二种方法相比要差得多。

如果你在大学里的教师预备课程中学过加德纳的多元智能理论（来自《智能的结构》一书）是最好不过了。现在，也有一些研究探讨了是否存在不同的智能或者学习方式（比如弗莱彻的研究）。在此，我们称其为学习方式，我也发现，一旦在课程设计中，同时考虑多种不同的学习方式，即使他们各自的学习目的不同，还是会有越来越多的学生共同参与同一个学习内容。因此，智能结构理论运用到课堂中是有效的。

多元智能理论不仅适用于初中和小学的教师，也适用于高中教师，因为高中学生中也包含不同类型的学习者，并且会将这种学习方式保持终生。霍华德·加德纳认为，人有八种不同的学习方式。

1. **身体–动觉型**学习者在学习中融入某些运动时，学习效果最佳。因为身体–动觉型学习者的最佳学习方式是通过做来学习。

将这种学习方式融入课程的方法：

- 全身反应法（学生对于学习做出肢体反应）

- 学生可以在教室内走动的练习活动

- 哑剧（手势表演）

- 字谜游戏

- 寻物游戏

- 肢体运动练习

2. 视觉-空间型学习者的最佳学习方法是通过视觉获取知识。

将这种学习方式融入课程的方法：

- 短视频（时长不超过五分钟）
- 图片教学
- 通过绘画任务进行可视化学习
- 思维导图
- 绘制地图
- 制作海报和平面展示
- 利用心象进行记忆加工

3. 音乐-节奏型学习者的最佳学习方法是运用声音、旋律或者节奏来获取知识。这类学习者对于旋律和节奏模式反应非常敏感。

将这种学习方式融入课程的方法：

- 播放与学习内容相关的歌曲
- 让学生利用学习内容作曲或者创作韵律诗
- 利用学习内容创作喝彩口号
- 给学习内容编上节奏或者旋律
- 播放与学习内容吻合的声音（通过手机声音播放器播放，你也可以从电脑上下载声音来播放）

4. 逻辑-数理型学习者能够通过逻辑思维、运算和推理获得最佳学习效果。

将这种学习方式融入课程的方法：

- 运用数字或者数学方法解决问题
- 创建时间轴
- 设置脑筋急转弯类题目

- 进行科学实验

- 创建图表

- 进行比较与对比

5. **自然观察型**学习者与身体-动觉型学习者相似，他们喜欢户外活动，通过感受、感知和接触外界而获得最佳的学习效果。这类型学习者对于周围的世界具有一种与生俱来的欣赏能力。

将这种学习方式融入课程的方法：

- 郊游

- 将自然界的实物教具（如岩石、植物或者鲜花）融合到课堂中

- 让这类学生到户外区域读书或者完成学习项目

- 在自然界中区分和辨别物体

- 在学生学习或者阅读的时候播放自然界的声音音频作为背景音乐

6. **语言型**学习者通过语言的听、说、写学习效果最佳。

将这种学习方式融入课程的方法：

- 苏格拉底式问题研讨法

- 课堂辩论

- 讲座

- 集体讨论

- 书面回应

7. **交际型**学习者能够通过与他人一起学习和彼此互相学习获得最佳的学习效果。这类学生可以觉察他人情绪、情感和意图，并据此做出适宜的表达和反应，他们喜欢社交方面的学习。

将这种学习方式融入课程的方法：

- 搭伴学习

- 进行学生调研

- 辅导同学

- 参与集体讨论

- 生生互动

- 进行小组合作

8. **自知-自省型**学习者能够通过自主学习获得最佳的学习效果，他们能够正确认识自己，具备自我反省的能力。此类型学习者往往能够进行自主学习。

将这种学习方式融入课程的方法：

- 自主学习

- 做练习题

- 设定个人目标

- 通过日志形式记录学习过程

- 自我评价

如果我去听讲座，一般最多坚持15分钟。因为我是一个视觉型学习者，必须要看到材料才能学得更好。在知道这个理论之前，我一度以为自己很笨，因为只是通过听来学习，我学到的内容会比别人要少得多。但事实上我并不笨，因此，不要让你的学生有这样的想法。你要理解并尊重学生的不同学习类型。

在学年之初，最好通过调查或者测验的方式区分出学生不同的智能类型。你通过谷歌搜索"多元智能测验"，就能找到这样的题目。提前跟学生说明，此类测验仅仅是为了能够更好更有效地进行教学，这样可以减少学生的紧张情绪，也能得到家长的支持，因为家长知道你这样做是为了更好地进行针对性教学，而且测试结果也可以用于课程设计。有的学生也可能同时属于多个不同类型的学习者，比如有的学生既是视觉型同时也是音乐型学习者。

在实际课程中该如何操作呢？我的课程设计中通常包含至少三种学习参与方式。在备课的过程中，列出在课程设计中使用的不同参与方式，长期坚持下去，必将给你带来意外的收获。课程设计容纳的学习参与方式越多越好。如果课程设计的活动仅仅包含一两种学习参与方式的话，那就要小心了，设计的参与方式越多越能调动班里不同类型的学生，还会减少班级里不良行为的产生，同时增加专注学习的学生人数。

表3.2是一个包含至少三种参与方式的简单的课程设计方案。

表3.2 包含不同参与方式的课程设计案例

课程目标：通过加注释和分类活动，学生能够运用虚构和非虚构类文学知识。

时长（分钟）	活动	学习参与方式
5	预备活动：回答：人们为什么要读书？学生可以直接回答，也可以与周围同学探讨之后再与班级同学分享（如果回答中没有"了解事实"这一答案的话，可以参考一下课本）	交际型
5	示例：给学生展示两堆书，一堆是虚构类，另一堆是非虚构类，把课本放在虚构这一堆里。让学生们边想边说出每一堆书的特点，并分享各自的想法。用表格记录学生的回答，其余的空白可以留在下一节中填充	视觉-空间型

时长（分钟）	活动	学习参与方式
10	输入（教师讲解，学生记笔记）: 写作方式有两种：	语言型

虚构类	非虚构类
"假的"；娱乐为目的；有一系列的事件或者情节；由作者杜撰或者自创的；可以根据真实故事进行改编；利用图片来展示画面	"真实的"；以提供或者传递信息或者事实为目的；没有虚构情节；指南类、科普类、历史类和自传类书籍；利用图片来提示信息和知识

时长（分钟）	活动	学习参与方式
5	与小组快速分类：将虚构类与非虚构类书籍进行分类，并附上便利贴说明每一类书的作用	身体-动觉型
15	自主阅读：鼓励学生一边阅读，一边思考，他们读的书属于哪个类型，以及分类的原因，并请他们在索引卡上写出答案：你自主阅读的书是虚构类还是非虚构类？为什么？ 把卡片收集起来，然后互相交流分享	自知-自省型
5	结尾：交流分享：书籍的两大类别是什么？人们读各类图书的原因是什么？	交际型

小练习

1. 回忆一下你曾经上过的一堂效果非常不好，或者效果很一般的课。

_____

2. 列举几个你感兴趣的某种学习方式吸引你的点，越多越好，但不必提到所有的。

_____

3. 回想你认为课堂效果比较好的学习参与方式，运用同样的方式上一次课。

_____

4. 分析一下两堂课的区别。你还需要做些什么来吸引更多运用不同学习参与方式的学习者？

_____

要对学生有信心，允许教学中有失败案例

· ·

假设你刚刚报名参加人生中第一次极速漂流之旅，虽然之前从未参加过，但你听说这个体验可能会非常有趣。然而，内心深处，你却恐慌不已。万一撞上石头怎么办？要是受伤了怎么办？你思绪万千，设想各种可能出现的可怕场景。我的意思是之前确实有人受过伤，对吗？万一我也"中彩"了怎么办？这时候你甚至可能会要退出，或者说考虑要退出。然后导游汤姆出场，开始讲解漂流过程中可能出现的危险，还说虽然他是新来的，但他知道在关键时刻如何寻求帮助。他不是在开玩笑，因为从他准备的便条上，他一一读出在客户遇到危险时他需要做的各个事项，你能看得出他对自己不够自信，但他试着来安抚你说："别担心，我们会一直在一起。"在这种情况下，你会怎么想？

而当教师对学生能否成功完成一项特定任务表现出疑虑时，学生们的感受也正是如此。因此，教师需要做一名经验丰富的"极速漂流导游"：他们面带微笑、心态平和、从容不迫，他们心里清楚漂流筏肯定会没事（或者他们嘴上说肯定没事）。他们为团队鼓舞士气。即使学生们并没有表现出对成功的渴望，也要坚信学生会成功，一定要成为他们坚定的后盾，给他们勇气和信心。

好消息是，与极速漂流的失败不同，当我们的课堂失败的时候，不会危及学生的生命。而我从失败的课堂上学到的东西与成功的课堂一样多，两者对于你来说具有同样的价值。诀窍在于，当课堂失败的时候，不要着急，深呼吸，喝点水，利用时间好好反思一下失败的原因。我曾经失败过，我相信你认识的每一位教师也都曾有过失败的经历，只不过有的人说得多，而有的人不说而已。优秀的教师会把失败的经历当作学习的工具而不是挫折。如果班里有助教老师的话，你们两个一起探讨效果会非常好。在你反思或者与同事探讨的时候，可以问自己或者彼此这样的问题：

● 课程设计是否合理？首先从课程设计开始寻找失败的原因，而不是从学生入手。学生的行为表现通常是课程设计的结果。课程设计过于简单或者难度过大？自由讨论时间不够充足？或是教师讲得太多？是否需要更多的合作活动？

● 如果课程设计没问题，时间分配合理，课程难易适中，那么问题究竟出在哪里？

● 如何将这次失败的经历当作学习的工具？

与八年级学生的真实对话

我小心翼翼地取出我的隐形牙齿矫治器，接着转头去吃了块糖。

学生：那是你的假牙吗？

我：当然不是，我才34岁呀。

学生：那么，它们不是假牙吗？

第四部分

善用学校的其他人际资源

你有更好的途径获得校方支持

本学年的第一天，新聘任的九年级法语教师第一天上班，他找不到教室了。他走进教室时已经迟到了，他问我这是不是九年级的法语教室。那时候，我很淘气，马上告诉他法语教室在教学楼的另一头——大约十分钟的路程。他迅速跑出教室！沿着我指的方向，结果他去了体育馆，无奈的他只好向校长求助。30分钟之后，他才在校长的带领下又重新回到了教室。

——斯蒂芬，43岁

图片来源：Mia Regala www.paper-scraps.com

与学校其他人员的关系会影响课堂管理

教学生涯的满意度很大程度上取决于你是否可以与同事和谐共处。在工作中，你的幸福感越强烈，学生的幸福感也就越强烈。大多数教师非常喜欢自己为之工作的学校，是因为他们喜欢自己的同事。他们通常花费很多时间与同事建立起互相尊重、互相支持的关系。

很多事情我也是事后才明白。我的惨痛教训：以前，我总是在班级事务和学生身上花费大量时间，同时也注意与一起授课的教师搞好关系，因为这对教学有帮助，但我忽略了与其他人员建立良好的关系，并因此吃了苦头。我的忠告是：在学校里，一定要花费时间与所有工作人员建立良好的关系。

一位教师朋友的个人经历

我记得，我执教第二年是负责教授初中水平的关键技能。学习关键技能课程的学生都有中度或重度残疾。我班上的学生，要么有外部残疾，如脑瘫或唐氏综合征；要么有隐性残疾，如智力缺陷。一天，一位家长来到教室——她对我的授课计划以及学生的基本技能情况知之甚少。她严肃地看着我说，我以前没有教过她的女儿，虽然她尚不确定我的教学对她的女儿是否有益处，但她愿意拿出一年的时间，看看孩子是否会取得进步。这让我很难过，因为她只看到了孩子们的学习障碍，完全忽视了他们的优势。但我没有气馁，并决定要向家长们，包括那位母亲，展示我的教学效果和学生们的能力。我努力帮助学生们达到并超过个性化教育计划（IEP）所要求的目标。同时，我也尽力与那位家长进行真诚友好的沟通。

出于高尚的职业责任感，我告诉了她我的手机号码，以便她能随时与我讨论她女儿的情况或者帮助她解决问题。然而，噩梦开始了，我总会在晚上九点以后接到她的电话或者充满怨气的语音邮件和短信。这位母亲还总是给我发送语气咄咄逼人的邮件，让我觉得我好像做了错事。

每次开家长会时，这家人也总会攻击我和同事们。他们总会谈论孩子们的身体缺陷，并对他们的基本能力做出主观臆断。这些话苛刻而又毫无根据，因为我和许多支持学校教学的家长们以及许多教育专家都看到孩子们确实取得了进步，达到了与同龄人相当的水平。每次开完会，我都会觉得筋疲力尽，没有得到足够的尊重。最后，我请求校方的支持，并学会了设置更清晰的工作界限。我现在只在办公时间回复短信、电话和邮件。

我希望我从这次经历中学到的策略能够对新执教的老师有所帮助，尤其当学生或家长们的行为使他们质疑自己的工作能力的时候。

与难缠的家庭打交道时，保持理智的法宝

1. 从一开始就设定清晰的界限。

我的经验是：当我让自己变得"随叫随到"时，一些家长就会逾越明显的界限（像上面例子中提到的在深夜打电话和发短信给我的情况）。我自己也默许了家长可以这样做，并且觉得需要马上回复他们，结果给自己招致了更多骚扰。

在学年初，你可以致信家长们表示欢迎，详述你的期望，并设定工作界限，比如：告诉家长你何时可以与之通电话或给他们发送电子邮件，等等。如有需要，请参考后面章节讲到的沟通方法。这样，家长们并不会觉得你在为他们制定规则，因为你还有其他学生需要关注，就像前面提及的棘手案例，你不想把所有的精力都只花在一个家庭上。而且这种做法只会使你筋疲力尽，无法进行健康有益的教师—家庭互动。

2. 进行坦诚的沟通。

确保你与家长们的关系是坦诚的，并与他们不断交流孩子的进步情况。我还为那些想了解更多详情的家庭建立了专门的通信方式。这不但提供了一种教师—家庭的双向沟通模式，而且提高了你解决问题的效率，比如预约牙医，或者告诉家长他们的孩子在前一天晚上睡眠不足。我总是让家长从一开始就知道他们对孩子的成功至关重要，并感谢他们的合作。

3. 记录数据并保持井然有序。

如果没有记录，就意味着什么都没有发生。在学生学习任务和学习目标文件夹里记录学生的学习情况。

还要记录所有与那些难缠家长们的交流情况。以前，每当有家长企图用写满愤怒措辞的电子邮件、不断的骚扰电话或者短信来侮辱我的时候，我就会建立一个文件记录交流的具体内容。如果这位家长太过分的话，这样做有助于我保留证据来证明我所经历的一切。同样重要的是，要保留足以说明学生取得进步的案例和评估材料。我发现，使用不同颜色的文件夹有助于轻松找到我想要提供给父母的资料和我自己需要的记录。这些小小的技巧帮助我在各种场合都能保持自己良好的声誉。

4. 不要感情用事。

首先我得承认这是最具挑战性的事情之一，但至关重要。通常，当家长们担心自己的孩子，特别是如果他们还没有接受孩子有特殊缺陷，需要特殊照顾这一事实，全家人都会很沮丧。在他们眼里，你是唯一与他们的担忧和失望有密切关系的人，因而最容易受到责备。他们常常会不知所措，你可能成为他们的责难对象，但这并不意味着你不是一位好老师！所有的老师，在执教生涯中，都可能遇到一两位难缠的家长或学生。希望这些方法能为你排忧解难。

5. 倾听时不要打断，在回答问题之前先停顿一下。

每个人都喜欢被倾听。即使你不赞同家长们的想法，倾听并理解他们的担忧，尊重家长们的真实感受都是至关重要的。表现出同理心，让家长们知道你在尝试用他们的语言和经验与之交流，这会让你显得不是那么古板。在家长会上，当家长问你问题时，你会觉得需要立刻做出反应，但其实你可以慢慢来，静静地坐着，心里默念着下面的话，比如，"你提的这点很好，让我想想"，或者很有礼貌地说，"我不太认同你的观点"。不需要为自己过分辩解，因为这会引发更激烈的讨论。我们学校的心理学专家帮我充分理解了这一点，他说，要让家长们学会控制自己的愤怒。通常情况下，他们会自己慢慢平息怒火，而你的倾听有助于他们更快地趋于平静。

6. 上报不良行为时，不要掺杂个人情绪。

在报告中，使用具体的例子，避免主观性的陈述（例如，这个学生特别有攻击性）。相反，要明确地陈述可观察到的事实（例如，学生用右手推了另一个学生）。当向家长描述孩子的负面行为时，试着指出一些正面的东西（例如，学生在出现问题后，很快就恢复正常，或者学生能够听从教导）。你需要让学生和他的父母知道你是站在他们这边的，同时还要要求孩子遵守行为规范。

7. 关注积极的一面。

与每一个充满挑战、要求苛刻的家庭打交道时，你都要找到几个支持你的家庭，他们都知道你是一名好老师。有时，这些挑战令人难以置信，但依然有着好的一面——有许多家庭爱你、欣赏你。同一年，我也经历了一件令人感动的事情，我班的一位家长联合其他家长一起，提名我为特殊教育奖项的最佳候选人。我把他们的好意铭记在心，当遇到困难时，总是提醒自己提高解决问题的效率。当你与心烦意乱的家长打交道时，为了取悦他们，你很容易不知所措，或者充满抱怨。你可以专门腾出一个办公桌抽屉，用来存放学生送给你的卡片和家长们表达对你工作认可的信件，当你需要鼓励的时候就拿出来读读。我知道这对我来说是一笔宝贵的财富。

8. 对自己包容一些；每个人都会犯错。

有时你难免会出错。重要的是，你要认识到，只要你尽最大努力去做正确的事情就可以了。如果你像我一样是一个完美主义者，你会经常因为自己的失误而苦恼，但我知道，即使是最好的老师，有时也会犯错。这就是你学习的方式。如果你发现自己犯了错误，最好是坦白承认，为疏忽道歉，然后继续做一位令人敬畏的好老师。

9. 在你的教学环境中寻找支持。

教师也需要支持者！如果你可能陷入困境，永远不要和家长单独见面。在家长会上有一个你信任的人会让你感到自己力量倍增。我曾经历过一个案例，要走法律诉讼程序——这是每位教师最头疼的事情。当时，我们开会来讨论这个案子，我邀请了学校的心理辅导教师参会，因为他笑容友好，举止令人舒适。每当我感觉到房间里的紧张气氛时，我就会看着他。在学校里，找到支持你的人对你顺利开展工作非常重要。

在你尚未经历的领域寻求过来人的指导，这也很有裨益。我曾请教过一位经验丰富的同事，她处理过法律诉讼程序的案例。她分享了自己的经验，并且强烈建议我把资料整理好，以便随时找到。这帮助我了解该带什么去参加会议，让我感觉更有准备。

10. 学会自我关爱。

一件棘手的事会让你筋疲力尽。你无法从空杯子里倒出水来；因此，最重要的是你要花时间去慢慢恢复。不要忘记你是一个除教学之外，对生活饱含激情的人，培养你的兴趣爱好也很重要。找到你的兴趣爱好，并每周为之抽出时间。要想在课堂上教学有效，或者与棘手的家庭一起解决问题，你需要把自己当作一个完整的人——有自己的工作，同时也有自己的兴趣爱好。

我希望这些建议能帮助你成为一名优秀教师。有时你会觉得自己很糟糕。这很正常，大多数教师都有这种时刻。重要的是，你要学会这些策略，并照顾好自己，直到你觉得自己是一位真正自信的教育家。

——詹妮弗·齐默尔梅克

加利福尼亚州波韦联合学区梅萨·沃德中学教育专家，

特殊教育奖项的最佳候选人，

拥有九年教学经验

学会赢得家长的支持

∙∙∙

对一些教师而言，他们不愿意谈及"家长"这个词。

许多新教师都惧怕"学生家长"这个词，为什么它如此吓人？刚开始执教时，家长们可能年龄都比我们大，而且他们对我们的了解主要来自自己孩子对教师的看法。

从教数年来，我的宝贵经验是家长应该也可以成为你的好朋友。他们可以成为很有价值的资源。如果家长尊重、欣赏你，孩子也会这样，反之亦然。如何能让家长站在你这一边呢？每当与家长沟通时，我经常说，他们对孩子们已经竭尽全力了。大多数家长的行动都是出于对孩子的爱意与关心。如果你总是这样说，你就可以理解他们，与他们产生共鸣。

与家长沟通的小贴士

1. **尽早沟通。** 在学年初的学校开放日向家长介绍自己，给每个家庭邮寄明信片，打电话，或者召集家长参加联谊会等。其目的是在家长们从自己孩子那里了解你之前，先让家长认识你。在以后的教学中，你很可能需要这些家长们的帮助。

2. 喜欢你的学生。如果家长或监护人觉得你并非真心关爱他们的孩子，或者不喜欢他们的孩子，他们将永远不会支持你。因为是他们辛苦养大了孩子，看到孩子迈出第一步，听到孩子说出第一句话，教会孩子学会骑自行车，等等。他们深爱着自己的孩子。你要发自内心地关心每一个学生的状况和进步。至少，能够说出他们两个优点。

3. 能够为学生的成绩辩护。父母和监护人都想要了解自己孩子的成绩。如果他们对孩子的成绩感到不满意，他们会要求你提供有关他们孩子的一些记录。通常，他们并不关心你在其他100个学生身上花了多少时间，他们只关心自己的孩子。因此，你要关心他们的孩子，保留孩子的成绩记录。这是你的工作。

4. 给学生提供支持。要让家长知道你是来帮助孩子成功的。你为孩子们提供过辅导吗？上过视频课吗？有没有留出答疑时间？给他们写过电子邮件吗？（确保你所在的地区/学校允许你这样做。）你如何向学生们伸出援助之手？

无论你教哪个年级，都要和家长保持密切联系。如果你和家长关系密切的话，当遇到学生行为或动机出现问题时，你处理起来也会容易得多。99%的父母都希望与老师保持良好的关系。如果他们不这样做，通常是因为他们总是从老师那里获悉孩子的负面消息，他们不知道如何解决这个问题，他们觉得自己是个失败者。你为什么不改变一下呢？你可以打电话给这些家长，把孩子在校的优异表现告诉他们。相信我，几周之后，当你需要的时候，那些家长就会支持你。总之，如果家长喜欢你，他们很可能会支持你。如果他们从你那里只听到关于孩子的负面消息，他们很可能不喜欢你，更不会支持你。

以下是一些与家长保持联系的有效方法。关键是要进行大信息量、低密度的沟通。每当你想要和父母联系的时候，就要给他们介绍一下孩子近期在校的表现。那么，他们永远不会说老师没有认真地与他们沟通过。

与父母保持联系的一些创造性的方法

- 在暑假跨出第一步，给家长邮寄一张明信片介绍自己，并且告诉他们，成为他们孩子的老师你是多么高兴。

- 当你有教学项目要展示的时候，邀请每位学生家长来观看，家长们都喜欢成为孩子们的观众。

- 邀请家长来参加朗读活动。通过朗读，学生可以提高他们的阅读水平和理解能力。

- 邀请家长来帮忙写布告栏。请他们给自己的孩子写下鼓舞人心的话语。

- 建立一个班级家长电子邮箱列表，发送测试、班级活动和学校活动的提醒。这样，你只需要写一封电子邮件就能立刻和很多父母交流。

- 让家长给这些邮件备份。

- 制作一个请家长签名的图章，重要作业或测试都要盖上图章。如果家长在作业或测试上签名了，就要给予学生额外的加分。父母都想知道自己的孩子正在完成什么作业。

- 如果家长可以谈谈你所讲授的学习内容，邀请他来做主讲嘉宾。

- 邀请家长在作文批改日一起上课。他们很高兴将自己的写作技能传授给学生们。

- 邀请父母参加一次实地考察旅行。举行一次学生家长座谈会。确保每位家长都能认真交流他或她每天都在做些什么。

- 如果你在安排学习或小组指导，请家长来负责一个组。

- 邀请家长与几位或一位学习有困难的学生一起学习。

- 邀请家长给全班朗读。学生们会很喜欢教室里出现新声音。

你不会出错的。父母永远不会因为参与孩子的学习活动而生气。如果你想在前一天向全班解释为什么家长要来一起上课，以便学生们可以举止得体，你可以这样说：

同学们，明天，我会邀请一位家长——史密斯女士，到 _____（你的班级）。我不会随便邀请家长到某个班级的，除非我相信这个班会在家长面前举止得体。很重要的一点，就是大家要对史密斯女士说"早安"，还要意识到她是抽出自己的业余时间来帮助我们学习，对此我们要深表谢意。

小练习

1. 想想你可以邀请家长参与哪些学习活动？他们如何为你的课堂学习提供帮助？在课堂上，他们可以提供什么样的帮助？例如，某一位学生家长工作的公司是否可以为某一个教学计划捐赠所需物品？

2. 你与家长沟通时，哪些方法省时高效？例如，可以使用"课堂情况提醒"等应用程序，让他们知道你课堂上所发生的一切。

3. 谁是支持你课堂的明星家长？在你进行户外实地考察、完成教学项目时，他们能提供哪些帮助？

懂得如何进行合作教学

....

本书的这部分内容是献给我导师的，感谢他给我展示了合作教学的魅力。

今天的教育，很可能要求你得和另一个成年人一起合作教学。可能是对学生一对一的辅导，有些学校会邀请大学生担任助教。或者，你也可能体验成人教学的基本方法：合作教学，即两个或更多的教师（通常只有两个）一起工作，教一个或多个班级。

如果你的课堂有额外的教学资源或者有专家支持的话，作为主讲教师，你可以负责教授学习内容，而另一位教师负责辅助性的工作，他应该根据个性化教育计划的学习目标，了解除知识之外，学生真正需要什么。就课堂管理而言，在学年初，你就要花费时间与合作教师沟通，以便你们在课堂教学计划上达成共识，所以当你必须要做决定的时候，你并不总是比你的搭档高明，你们的水平往往相差无几。

在职业生涯中，与同事合作时，99%的教师都遇到过困难,这是很正常的。想一想你和大学室友一起生活的经历就明白了。除非你很幸运，否则你可能会遇到一些令人不愉快的人或事，因为你和他们生活的距离太近了，容易产生摩擦。合作教学过程中也会有同样的问题。

每天你不仅要和合作的同事待在一起，而且还要朝着一个共同目标努力：确保学生在学习过程中充分发挥其潜能。我与许多教师都合作过。他们是谁并不重要，重要的是我们如何学会与他人合作。我的导师曾告诉我，可以把合作教学看作一段婚姻。没有规则和界限，婚姻能成功幸福吗？

我与许多学校的教师都交流过，他们普遍认为，合作教学中存在矛盾在所难免。他们只好忽视这些矛盾，因为这只是一种工作伙伴关系，而非个人关系。然而，这可能是对待合作教学最糟糕的方式。它会让你觉得每天来上班是一件很痛苦的事，最终会让你崩溃。学生们也比我们想象的要聪明得多，他们会注意到这种紧张的气氛。谁能在这种氛围下学习呢？

而成功的合作伙伴关系强大、愉快而又有趣，甚至令人兴奋。每天都有人与你一起分享关于学生们的趣事。例如，当朱安发表某段滑稽的评论时，你的同伴也在现场（亲身经历和事后听别人谈及，感受完全不同），他们可以与你分享新观点、新创意，甚至更多其他的东西。

实现成功合作教学的小贴士

1. **发现与你合作的老师的长处，并让他发挥这个长处。** 每个人都有自己的长处。我们总是会关注一个人的短处。相信我，他已经尽力了。与你合作的教师朗读的声音悦耳动听吗？能让不同的角色听起来很有趣吗？你们可以安排他大声朗读课文给学生听。他很细心吗？不要认为这个特点很烦人，可以让他负责课堂上某一具体的工作，比如批改试卷。我发现，当合作双方都能发挥所长，帮助整个班级取得进步的时候，他们最快乐。

2. **当你的伙伴工作做得好，无论成绩大小，都要让他知道你认可他。** 每个人都想得到表扬。研究表明，被忽视的员工往往对自己的工作不满意（甚至比受批评的员工更不满意）。那些总受到表扬的员工最满意自己的工作。当你的搭档工作表现出色，例如，上了一堂精彩的课，善于和学生打交道，或者想出一个好主意，你要表扬他。很可能他就会继续这样做，当"妈妈"和"爸爸"不打架的时候，你的课堂气氛将会更加令人愉快。

3. **让你的搭档积极参与。**你和她应该一起做计划，统一步调。在学校里，我是最早开展合作教学的教师之一，并且帮助许多进行合作教学的教师取得过成功。当合作不愉快时，总能听到如下抱怨：

   a. 她没有尽到责任。

   b. 她总是到最后一刻才告诉我她在做什么。（这让对方觉得自己毫无价值，毫无准备，毫无目标。）

   c. 他无法掌控课堂，所以我必须得把所有的事情都做了。（通常这些老师在一起工作时，并没有发挥彼此的优势。）

   d. 合作教师让我觉得很不舒服。

4. **需要认识到合作也是一种关系。**我的导师曾经给过我一些非常明智的建议：塞丽娜，你就好像正经历一场包办婚姻。如果你想要合作成功，你必须像对待自己的情感关系一样认真对待这种合作关系。成功关系的所有要素都适用于合作教学。为什么呢？因为这是一种不断接受压力与紧张考验的亲密关系，合作伙伴需要朝着一个共同的目标努力。

   试想：在一段关系中，什么会起重要作用？这可能也是合作教学成功的答案。例如，如果你觉得搭档没有尽到他的责任，你可能没有与其讲清楚你的课堂需求（就像在一段人际关系中讲明个人需求一样）。尽管这个类比有些傻，但它形象易懂。请牢记：在一段良好的关系中起作用的要素都适用于合作教学。

5. **要意识到你无法决定与谁合作，但你可以要求他改变那些可能影响**

到课堂教学的具体行为。一切都应该围绕如下一点展开：这是否会影响到课堂的教学和士气？如果你感觉到是这样，请在尊重对方的前提下指出（但绝不要在学生面前或课堂上这样做）。

6. **别落入"红脸白脸"的陷阱。** 在处理学生的纪律问题时，要确保管教孩子的那位教师事后与学生谈心。如果一位教师对学生管教，另一位教师却找孩子谈心，这会向孩子传递混乱的信息，即一位教师严苛，另一位教师仁慈。这会使得孩子喜欢一位教师而排斥另一位教师。合作教师应该形成统一战线。

   例如，如果有学生表现不佳并且受到一位教师的处罚，学生可能会从另一位教师那里寻求同情。第二位教师应该说："很遗憾你这么想。我想要确定你已经和 _____ 老师（老师的姓名）解决了这些问题。"不要和学生展开对话，因为你必须要让他知道处罚他的教师，既是管教他的人，也是理解他的人。他需要看到他的老师们既优秀又团结。

7. **完成你的分内工作：处理文件、批改作业并打分、资料备份和打工作电话。** 你应该让他的工作更轻松。或者，如果你是班主任，要清楚你希望他如何帮助你完成工作。工作负担过重的老师肯定不快乐。分工合作的教师们是一个强大的团队。例如，助教老师负责电话联系家长，或者，你可以给他一个班的作业，让他评分（只是要确保在你授课的所有班级中，评分标准是一致的）。班主任应该清楚如何分配工作；如果助教老师总是做同样的事情，对于如何完成这一任务，他就不会感到困惑了，通常他会做得更好。例如，把给家长打电话或者给学生作业评分的工作固定安排给他。甚至可以让助教老师负责给某个班级的测验评分，或者给他成绩单，往电脑里输入成绩。搞清楚工作分工，然后分头完成。

合作教学原则

● 重视彼此的工作。

● 倾听彼此的建议。

● 至少提前一周准备所授课程内容。（如果你与他人合作，你很可能得准备更多的授课内容。）

● 将彼此的优势都用于课堂教学。

● 要诚实，永远做对班级最有利的事情。

● 抛开自我。

● 知道对方比较介意的事情是什么。

● 把教室里的每一个成年人都当作教师或知识的传播者。

● 区分幕后工作和课前准备工作。

● 用真诚的态度和同理心私下尽快地解决教学中遇到的问题。如有必要，学会妥协。

● 要互相赞美彼此在课堂中的出色表现，频率为每天或每周。

● 要互相感谢对方在教学上的付出，频率为每天或每周。

● 每隔一段时间亲手给对方写一张感谢卡。

● 要乐于互相学习。

● 允许彼此在全班同学面前有不足之处。这也是每位教师的学习方式。

合作禁忌

● 在学生面前大声地争论授课内容。不要争论该做什么或不该做什么。记住，如果你们是一起计划授课内容，就应该步调一致。不应该让学生看到或听到教师之间出现分歧或授课计划不周。有些时候，你们可能会合作得非常完美，或者授课采用相同的基本结构，仿佛你们在表演同一场舞蹈。不过，如果你们偶尔改变课堂教学的角色，对学生来说会更有趣，更有益处。

- 试图即兴表演。这是最糟糕的教学方法，师生都不会受益。

- 一位教师只管纪律，另一位教师只管教学。

- 向其他同事发泄你对合作教师的不满。

- 拒绝表达你的挫败感。它们最终会以这样或那样的不愉快的方式表达出来。

- 在课堂上公开互相讨论授课中出现的问题。

- 在全班同学面前互相纠正错误。如果有必要纠正，可以通过纸条或耳语的方式。每位教师都会犯错。在全班同学面前纠正另一位教师的失误是对他最不利的行为，也特别让人难堪。如果你和那位老师关系很密切，而且你们已经私下里讨论过如何处理这种情况，那就可以用一种轻松而又优雅的方式来解决。在我五年的合作教学生涯中，只有一位老师，我可以偶尔这样做。课后，我问她，当我插话的时候，是否冒犯了她。你要非常小心地处理此类问题，因为这是导致合作教师产生矛盾的主要原因之一。学生也会不再信任该教师。每位老师都知道自己在说什么。互相尊重，不要把错误公之于众。想想那些一直在等待孩子陷入困境的父母，就合作教学而言，你的搭档也会这样想你的。如果你们真正彼此尊重，并且一起工作过一段时间（通常会产生不同的效果），偶有例外，在这种情况下，表达另一个观点可以建立信心，并向学生展示，有两种方法可以实现同样的目标。但有时这样做会使得学习较差的学生感到困惑，因此要当心！

你会发现，与不同的教师合作，工作方式也会有很大差异。我曾经和一位女教师合作过，我们在性格上很不一样，我们会在全班同学面前开玩笑，学生们喜欢我们这样。另一位女教师在年龄上比我大很多，所以她在学生面前扮演了一个可爱的祖母形象，很受学生喜爱。有一次，我们三个人合作，分别扮演好警察、坏警察和中间人。同样重要的是，做对你们俩都有益的事情，确保在课堂上学生能听到你们两位的观点，同时尊重两位教师，并且使两位教师都可以促进课堂学习。不要只是让合作教师来约束纪律，这样做不利于搞好教学。

小练习

1. 不管你现在是否与其他教师合作，几乎可以肯定的是，在你的执教生涯中，你一定会和另一位成年人一起工作。回想一下，你和另一位教师有分歧时，你是如何处理的？

_____

2. 如果你可以重来一次，你是否可以改善这种状况？

_____

做一块海绵，善于吸收他人的教学灵感

．．．．．．．．．．．．．．．．．．．．．．．．．．．．．．．．．．．

　　教学是少数可以在工作过程中使用别人想法的职业。作为老师，我们经常需要另起炉灶。合理利用你的时间和精力。不要害怕向你的同事求助。如果你想复印他们的工作资料，就向他们提出请求。有些教师会把自己的名字写在文档的最下面，以证明这是自己的辛勤之作。出于尊重，应该把这些名字保留在这些资料上。不要害怕向知识渊博的老师讨教他们在课堂上的做法，并随时与人分享你的资源。

　　除非你是世界上最好的老师，否则，现实情况就是：总有比你更优秀的人，实际上，有很多人比你更优秀。我很高兴能找到比我优秀，或者在教学的某一个方面做得更好的人。向这些教育者学习，善用那些适合你的方法。记住，想要在课堂上创造出最佳效果的是你。

　　我记得有一天，副校长到我教的八年级课堂听课。下课后，他问我，怎样才能知道所有学生是否都听懂了这堂课。我承认，对此我并不确定。他建议我使用"拇指检查法"，即在授课之后，我会要求学生用自己的拇指表示是否完全听懂所教授的知识。如果他们能理解并准备好自主学习，他们会对我向上竖起大拇指。如果他们不理解，他们就会对我向下竖起大拇指，我就会把这些学生集中起来重新讲解。如果他们不确定他们到底学会

了多少，他们会将拇指伸向侧面，我也会让他们再听一遍讲解。直到现在，我教授高中生时仍然使用这一策略。

分享教学理念与方法不仅能使你更优秀，而且让你收获感激。你不必只局限于与同事们交流，也可以使用网络浏览器去寻找更多的教学灵感：加入一个网上教师群，或者一个本地的教学讨论小组。你会发现，成功的教学策略无处不在。我经常从我的非教师朋友那里获得最佳的教学灵感。一种全新的、无偏见的视角是无价的。每个人都当过学生，他们可能有很好的教学想法。他们可能会告诉你他们曾希望他们的老师如何做，或者他们最喜欢的老师是如何开展教学的。

小练习

1. 在你看来，在教学过程中，为什么学会寻求帮助很重要？

_____

2. 你最近一次向别人征求教学建议是什么时候？有帮助吗？

_____

3. 想想你最近要上的一堂课。一个全新的观点会对你有什么帮助？想想下周你可以向谁请教教学方法。

_____

找一位导师

．．．．．．．．．．．．．．．．．．．．．．．．．．．．．．．．．．．．．．．

　　我的从教生涯很幸运，因为我从来没有自己费力气寻找过导师，是我的导师主动找到了我。在我执教的第三年，我们学校的心理学专家想要寻找一位教师合作，参与课堂教学，以便为她的博士论文收集研究资料与数据，偏偏选中了我。我首先想到的是为什么要选我。我需要帮助吗？我的教学方法有问题吗？我有些反感，因为我已经为课堂教学付出了巨大的努力。我不想打破我原有的教学节奏。

　　我们第一次见面糟糕透顶。我是一个顽固的人，拒绝接受所有我没有提出过的帮助，我们的心理学专家也很沮丧。我从未想到，我误以为想要闯进我课堂的这个女人，多年后会成为我的良师。在课堂上，她亲和的微笑与积极参与有目共睹。从这段合作中，我明白，选择最佳良师益友的秘诀是，他比你更擅长教学。我知道为了成为更好的教师，我需要她的帮助。

　　作为教师，我们知道，对学生而言，学习效果最佳的方法是一对一教学。对于教师教育也是如此。如果你想快速进步，我建议你找到自己的教学"导师"。你选择谁作为你的导师是一个非常私人的决定。问题的关键是，许多老师没有时间坐下来，手把手地教另一个人。

　　我的建议如下：找到你的榜样——设立远大目标。如果你想成为那样的教师，你会模仿谁呢？那么现在就请关注他们，深入他们的课堂并做好学习笔记。听听他们是如何与学生交谈的。征询他们，你是否可以在自己的课堂上使用他们的授课方案。学习他们的思维方式。

在你的执教生涯里，如果他们愿意向你提供帮助的话，他们甚至可以每周和你坐下来一起讨论你的计划。花点时间向他们学习。虽然我的职业生涯里已有一位重要的良师，但每年我都会选择另一位同行学习。向谁学习取决于我处在执教生涯的哪个阶段。

我曾经观摩过我的导师如何教授八年级的学生。她把学生们召集在一起并且要求他们做笔记，当他们围坐在她周围时，她开始讲解某一个概念。她能够吸引所有学生的注意力。她授课时不是站着，而是和学生们一样坐在椅子上，有时甚至是坐在地板上，在她教授中学生时也是如此。这种教学方法效果显著。学生们安静而又专注。他们没有受到威胁或被说服的感觉。他们觉得正在和老师一起学习。我在课堂上也使用了这种教学方法。有几节课，我甚至让学生们坐在椅子上，而我盘腿坐在地板上授课。这种方法似乎既能让学生安静下来，同时也能赋予他们力量。这也让教师有机会与学生平等地交流。我发现每一组以这种方式授课的学生都有上述教学效果。

模仿导师的一些重要教学策略会让你走出自己的舒适区，或者赋予你新的想法，帮你成为你向往的优秀教师。最终实现在没有导师帮助的情况下，你也可以将这些技巧融入到未来的教学中，同时，直接向别人学习有助于你快速成长为一名优秀教师。

我和导师一起合作了整整三年，直到我觉得自己可以自如地从事教学。她是我的导师，似乎知道所有的教学策略和秘诀。虽然在教学上我不再像以前那么需要她的帮助，但我偶尔还是会给她发电子邮件，问她几个问题。

我从未叫过她"导师",因为我不想把她吓跑。我确信她知道她充当了导师的角色,但我从未那样称呼过她,因此,我们之间的师生关系是出于自愿而非义务。有人说"导师"这个词让人害怕,因为这意味着他们必须为你投入大量的时间和精力。祝你早日找到你梦想中的导师并效仿他们!你会发现,终有一天,你将不再需要他们的帮助,作为一名优秀教师,你将绽放出自己的光彩,但你会永远感激他们的帮助。

小练习

1. 在你的学习生涯中,谁是你最崇拜的老师?在教学中,他最吸引你的是什么? 你自己具备这些品质吗?

_____

2. 你如何在不花费大量宝贵时间的前提下向导师学习?

_____

观察并学习

∙∙

我一直都是一个视觉型学习者。我最有效的学习方式是通过观察来学习。为了提高教学水平，我必须观摩高质量的教学。在执教第二年，我们学校没有可供观摩的教学项目，但这并没有阻止我。我常常在教学楼的走廊里走来走去，"偷听"其他教师授课。我想看看我能从哪些老师那里学到东西。最终，我决定采取更传统的方法——询问他们我是否可以来听课，而不只是把我的脸贴在门窗上或者通过门缝窥视几分钟，直到我被某位惊慌失措的学生发现。

当我发现一种我喜欢的教学风格，或者某位教师引人入胜的授课方式，或者一位宽容和蔼的教师，或者最重要的一点，教室里学生全神贯注，思维活跃（记住，遵守纪律与全神贯注不一定是一回事，我从不认为在课堂上让孩子们保持沉默是件好事），我总是恳求那位老师让我来观摩他的课堂。

一定要先征得许可；很少有老师会说"不"，而且老实说，你可能也不想向一个不希望你去观摩的人学习。让这位教师知道你听说他教学有方，你希望来观摩他的教学。这会让你和他马上建立起积极密切的关系，并且他会欢迎你来听课。旁听一两门课，认真记笔记，在你的班级里也做同样的尝试。

观摩教师难以搞定的班级和他们大加赞许的班级都是极有收获的。这将使你全面了解该教师，并且帮助你学会在必要时有效地重新对学生进行引导。

小练习

1. 在过去的几个月里，你有多少次花时间去观摩某位你欣赏的教师授课？如果你没有这样做，什么时候可以？你将如何实现这一切？

_____

2. 你从观摩教师那里学到了什么？你能举出一两个可以改善自己教学的例子吗？

_____

用心倾听，不要空谈

. . . .

当你说话时，你只是重复已经知道的事情。但如果你倾听，你可能会学到新知识。

教师有个臭名昭著的名声——"最糟糕的听众"。我们的确如此。我们都是如饥似渴的学习者，但我们对于课堂上已经做过的事情谈论太多。我感到内疚，但这不是我们的错；我们已经习惯于每天都有人倾听。我们喜欢讲道理，讲故事，向别人传播知识。这也是我们许多人从事这一高尚职业的原因。然而，如果想成为一名更好的教师，在与其他老师交谈时你要少说多听。只要你有机会坐在教师这个位置上，我一定会告诉你事实是什么样子。

教师们总是会谈论某位学生，或者顺利的、有趣的一堂课，也可能是很糟糕的一堂课。留意那些他们在教学中处理得当、效果卓著的事例。有时，这种情形会让我想起93岁高龄的祖父和他的朋友们讲述战争故事或孙辈们的趣事的情景。每谈及此，他们面露喜色，教师们在谈论他们的班级时，面部表情也是如此。

当教师们讲述学生的情况、教学策略以及处理问题的技巧时，用心倾听，并且牢记。我们也需要思考：我如何借鉴有效策略，规避不当策略？

我并非要你在聊天时，拿出记事本做笔记（那一定很搞笑）。哪些做法你会在自己的教室里效仿？哪些做法你永远也不会采用？如果有教师告诉你学生喜欢什么，那么请你也在教学中试一试。多问问题，多关注细节。这些都是对你的馈赠，免费的，唾手可得的真知灼见。接受它，善用它吧！

小练习

1. 回想一下你上次和别的老师谈论教学的情形，把谈话的内容写下来。

_____

2. 你用心倾听了吗？你如何把谈话内容变成你的一次学习经历？

_____

3. 你上次是何时从其他教师那里学习有价值的教学方法，并将其应用于自己的课堂的呢？你学到了什么？

_____

积极主动：争取让校方始终支持你的工作

• •

　　这是本书中篇幅最长的部分，因为它是最重要的部分之一。你与校方的关系好坏将决定你在教学中会得到支持还是阻碍，也会直接影响你的工作满意度。

　　幸福指数最高的老师通常与校方保持良好的关系，并且得到支持。事实上，上述两点我都做到了。当获得学校领导支持的时候，我的教学工作就会变得更加愉快和轻松。我在公立学校工作的时候，必须和校方保持友好关系，因为公立学校有权雇用和常年留用他们需要的教师（我很幸运得到校方支持，所以继续留用也是自然的事情）。我没有加入教师工会，实际上我觉得这样挺好，因为我努力工作，不断成长，成绩卓著。我希望这一优点，而非只是工作资历能帮我保住现有工作，并且能让我在未来获得新工作的机会。在其他地方（非公立学校）工作的时候，我发现校方也愿意参与课堂活动。在这两种情况下，校方的支持对孩子们的学习都是很有影响力的。

获得校方尊重的小贴士

- 邀请校领导观摩学生的演讲，让他们看到学生们的最佳表现。

- 与学生及其父母保持良好的关系。

- 建立一个课外兴趣小组或俱乐部。

- 参加学校体育或课外活动。

- 领导一个体育团队。

- 协助监护人组织野外旅行。

- 邀请校方领导来教室参加一个有趣的学习活动（下面详细介绍）。

- 每学年结束时，给校领导寄送感谢卡。

- 准时上班，持续不间断地出现在岗位上。遵守工作日历安排。

- 开展家长会和其他活动，邀请自己班的学生家长参加。

- 尊重你的学生。（校领导会听到你说话的语气。）

- 爱护学校的基础设施。（当你与学生、家长或同事发生矛盾时，首先去找你的直属上司，而非越级解决问题；否则，从长远角度来看，会给校方管理带来更多困扰。）

作为教师，我们是学校沟通网络的一环。但通常，由于时间有限，我们与校方领导的交流太过简单。我们在去洗手间或办公室查看邮件时匆忙打招呼，"嘿，你好吗？""很好，谢谢！"很多时候，校方领导都想要知道教室里发生的大事，但我们从来没有时间告诉他们。

在一学年里，我们总会需要一些支持，甚至是校方的"偏爱"。我记得一次，有一张表需要领导快速签字同意。我和几位同事当时正在教授九年级学生，学习采取问题导向和跨学科方法研究濒危物种的问题。学生们在自然科学课上选定了将要研究的对象，在英语课上探讨研究问题，并为拯救这些物种提出和展示了解决方案。他们在几何课上建立了一个几何生物群落。体育老师也加入进来，他们根据不同的研究物种组建了不同的研究小组。

一位教师听说当地动物园可以为学生提供免费的野外旅行。这真是太完美了！但我们需要安排交通，并且快速做出安排。我们大约有一天的时间准备，但安排交通需要提交很多表格，并且需要校行政部门签字同意等，这绝不是一两天就可以完成的，按程序进行会使这个事情"泡汤"。

有人会觉得，学校的行政人员都是整天坐在办公室里打电话，慢慢悠悠吃午餐，边喝咖啡边聊天。尽管偶尔我也会这么想，但多数时候他们都在忙于处理学校的各种事务：教学时间的安排，各项规章制度的制定，财务问题，家长的不满，极端的违纪问题，预算问题，等等。他们确实为上述工作付出了很多心血，但他们的工作却无法像教师那样成绩令人瞩目。请记住，大多数行政人员都是从教师岗位干起的。

所以，我的观点是，在学校体制内，如果你想利用自身优势，绕过体制障碍，你必须提前做好准备。

多年来，我积累了很多经验。以下是我认为最有价值的建议。

1. 学生的最佳表现胜过雄辩。

假设你的学生出色地完成了一个项目或学习单元。这种情况通常发生在年中到年底。学生们展示自己成果的时候，你是否曾经邀请校领导观摩？

每逢此时，我通常会让全班同学投票决定他们是否想要邀请校领导来观摩。（如果他们为自己的成果感到骄傲，他们总是会说"是"。）我会在班上找书法好的学生，写一封邀请函。你可能需要竭尽全力说服全班同学邀请校领导来观摩，一旦同学们同意，他们就会加倍努力地完成自己的任务。

接下来，你可以从每班选择2～4名敢于表达、以自己的成果为荣的学生去送邀请函。那些为自己的成果感到自豪的学生将会是最好的宣传员，让他们亲手奉上邀请函。如果该领导正与某位教师交谈，教会学生此时应该如何说，如何做，让他们和你排练几次。这也是在传授孩子们生活中必须使用的社会情感技能。

如果你能让一个经常惹事的学生参与上述活动，那就更加有益了。他一定会受到激励，在展示成果之前更加发愤图强。请记住：总是"说话不合时宜"的学生通常都有过人的人际交往能力。利用该生的这一优势，选择他递送邀请函，有如下几个原因：

a）选择这个学生作为班级代表递送邀请函将有助于他建立自尊和正面的自我形象。这有助于今后在你的班级里增强学生的自我管理能力和学习动力，我们也希望这种积极的自我形象会影响到学生生活的其他方面。当这些学生知道全班都在等待他们将邀请函送达时，他们就不会无所事事了。请相信我！

b）校方也希望看到学生们学业有成。让他们看到你正在感化班里那些"问题"学生。反过来，你也间接地为自己的工作做了宣传，此时无声胜有声。

我通常也会给受邀领导发一封邮件，列出他们将会看到的内容，评判标准是什么，教师采取什么引导方式，授课的具体内容是什么，等等。换言之，我与他们进行了"成人之间的沟通"。对学生而言，邀请校领导出席并给他们留下深刻印象是非常有效的教学方法。

2. 在学习项目结束时由学生主导展示学习成果。

如果你能邀请校领导观摩学生主导的学习成果展示，这表明你可以授权学生负责一切事务。这包括但不限于以下内容：

　　a）学生负责在门口迎宾（尤其是在家长也要出席时）。教他们如何站立，如何说话，如何微笑，等等。

　　b）学生负责引座（如果访客要就坐的话）。

　　c）学生们负责开场白和结束语（如果是表演的话）。

　　d）在开、闭幕式上学生负责翻译（如果许多家长不只说英语）。在演出前一天，让负责翻译的学生反复练习。你会发现有些学生在翻译方面天赋过人。通常，两个学生可以交替翻译。

在执教的第五年，我举行了一次学习成果展示，学生们负责一切，我只需坐下来观看即可。如果你能在执教的头几年做到这一点，校方会注意到你的，更重要的是，你的学生会看到你是多么相信他们，让他们主导。他们会注意到观众们的微笑，感觉他们的工作值得一看。通常，校领导离开后，学生们喜欢互相分享每位观摩领导的反应。"你看到盖瑞博士笑得合不拢嘴了吗？他甚至对我说……"他们会津津乐道这些事情。

校方管理人员总是临时有会或者有课，所以能否邀请到他们，都是未知数，你要向学生说明这一点。然而，即使他们不能来观摩，在他们的脑海中，你也已经变成一位总是激励"问题"学生进步的良师。此外，在简短的邀请会面中，他们可以体会到你的学生因为这个活动是多么自豪与激动。最后，他们会看到你教学生如何得体地与成年人进行正式的沟通，而这是一项重要的生活技能。他们开始注意到你，当你发现自己按照学校程序，无法快速让表格签字时，他们会给你开"绿灯"，因为你的学生兴奋自豪的表情依然历历在目。

3. 撰写感谢卡。

你要始终和那些将学校制度准备就绪的行政人员保持良好的关系。在假期或每学年结束时，亲手写一封感谢信，递给你的行政主管、部门主管、行政助理、学校护士、合作授课的教师和门卫。他们都是帮助你进行正常教学的人。感谢卡是一种简单快捷表达谢意的方式。你也可以写一封简短的电子邮件，但手写的感谢信是永不过时、值得嘉许的。

4. 要积极主动。

我的导师曾告诉我，获得校方的支持和教好学生一样重要。由于获得了校方的支持，一些成绩较差的学校也会有工作幸福感很强的教师。积极主动是得到校方支持的最有效方法。现在，在社交媒体上，很容易找到一个在你感兴趣的地区或学校工作的人。尽力和此人多保持联系，具体询问校方对教师和教学的支持政策。更佳的情况是，如果能找到两位在同一地区或学校工作的人，你就知道他们的回答是否属实了。领英、脸书或其他社交媒体工具都可以帮助你找到想找的人。

实际上，根据我的经验，如果人们了解并且喜欢你的课堂教学内容，同时又看到你在努力，人们会更快地为你提供帮助，哪怕只是稍微快一点点。

上次准许孩子外出旅游的文件得以很快获批，并非只是由于我与学校行政部门关系密切，但我认为这一定是有帮助的。校方知道，我的请求一定会让孩子们受益匪浅，因为他们看到了我课堂上的成果，并相信我一定是为了孩子们好。请牢记：总有一天你会需要他们的。

小练习

1. 你所在的学校，校方对你有什么样的支持措施？

_____

2. 你如何利用校方的支持提升课堂教学质量？

_____

3. 设计你的下一次课堂活动，你能否请到校方领导观摩你们的课堂展示？这一活动如何使学生受益？

_____

与八年级学生的对话

我只有几分钟的时间给出学生们本周的成绩，我想尽量节省时间，于是我把本周所有得A的学生都叫到我的办公桌前。十个优秀的学生都聚在我周围，睁大眼睛，竖起耳朵。我想低声交谈，这样其他学生就听不见也不会感到嫉妒。我低下头，压低声音，脸上露出狡黠的笑容。

我（对这十个学生微笑着说）：你们都得了A's（发音与AIDS相似）。

学生们（抬起头，疑惑而又恐慌）：什么？我们都得了艾滋病？！

我：不，我说的是A，你们大家的试卷都得了A！

第五部分

给学生制造惊喜

我们不必都是魔术师

记得在上高二的时候，我曾有一个很棒的代课老师，朗伯德先生。他喜欢在上西班牙语课前先表演一个魔术。有一个魔术是他先用纸巾做了一个鬼，然后让它消失在烟雾中。我的西班牙语老师在上学期刚开始就休了产假，所以校方请朗伯德先生给我们代了几周的课。这次课堂体验真是太棒了！

——德里克，34岁

MAGICAL MR. LOMBARD

Poof!

你的独特技能有助于你做好课堂管理

你希望你的学生因为什么记住你？根据年级的不同，当你给学生们授课的时候，他们已经见过各种类型的老师了：有的严格，有的风趣，有的乏味，有的热情。但他们还没有"你"这个类型的老师。当然，我们不需要给每个班表演魔术，使自己显得与众不同，不过如果我们是兼职魔术师，我们应该把魔术带进课堂，使我们显得与众不同。第五部分包含了一些可以使你与众不同的方法，这些都是孩子们喜欢的方式。如果你与众不同，他们就会喜欢你的课，在你的课堂上表现积极，乐于学习。

一位教师朋友的个人经历

记得我曾经读过一个题为"亲爱的艾比"的专栏，其中提到了一个学以致用的例子：一位读者讲述了他在某个夏天去杂货店购物的经历，他偶遇了一个在那里打工的优等生，这个学生在把特价1美元4袋的肉包钱款计入收款机时，先记下一袋是44美分，结账的时候，他不忘提醒顾客，"这种肉包是特价1美元4袋，您确定买了，是吧？"

在我执教的第十个年头，像这位优等生对课堂作业实际应用的需求引起了我的共鸣。我的学生常常可以解决在工作表格或课堂环境中设计的问题，但却不能将这些技能应用于实践中。这种需要在我教授的一群三到五年级的学生中表现得更加明显，当时他们在北卡罗来纳乡下叫"木材桥"的地方参加了一个独立的特殊教育课程。人们似乎很同情残疾学生，但这并未改变他们在经济上处于劣势的窘境。

但为什么要以此来定义我的学生和他们的未来呢？我经常向校方提出拨款请求，以资助学生外出实地考察或者邀请嘉宾来校演讲，以使他们能够最大限度地实践所学技能。2014年，我们班获得了一只宠物——仓鼠。为了最大限度地利用这次学习机会，我给当地的一位兽医发了电子邮件，请他来回答学生们的问题，讨论如何妥善处理和照顾这只仓鼠。我们还联系了一所大学，希望一名兽医专业的学生能来给同学们上一堂课。他们给予的答复是可以派一位动物科学系的学术事务副总过来。当我大声地分享这封电子邮件，并解释说副总（VP）是副总裁（vice president）时，一位学生的眼睛睁得大大的，高高地举起手，他问我："凯勒曼老师，您刚才说总统（president）要来了吗？"

他的同伴紧接着说："哦，我认识他，不会是巴拉克·奥巴马吧？"谁会想到一只小仓鼠可以引起除了宠物护理之外的对话？这只小宠物给我们带来了很多问题和思考。

数年之后，2017年夏天，当我在非洲的博茨瓦纳出席富布赖特奖学金的短期杰出奖颁奖时，我再次意识到，学生们走出教室将所学知识应用于实践是多么必要。我的学生是一群年龄在18到24岁之间的年轻人，他们会换算太贝和普拉（两者都是博茨瓦纳货币），但他们真正理解金钱的含义是在参与一个培训项目之后，他们利用课本上所学的知识在路边的摊位上卖桔子。现在，金钱有了意义，有了目的，用来交换商品，学生们有了学习的新动力。

一个非凡的教师可以想出一个新点子来实施教学，但有时，不同的方法会给教学带来新奇感。例如，邀请嘉宾来演讲，将课堂教学延伸至课外。从当地教堂的神职人员或企业主中，你会找到合适的人选，请他们谈谈自己的成功和失败，或者遭遇到的挑战和经历成功或失败之后获得的回报。让学生们看到把童年的激情融入职业生涯的内在动力。许多人热爱自己的职业，并且愿意分享以激励他人，只要我们愿意打破常规，邀请他们参与我们的课堂，我们就会看到改变。

——杰西卡·凯勒曼
北卡罗来纳州雷福德市桑迪·格罗夫小学特殊教育教师，
11年执教经验

邀请嘉宾到你的课堂演讲

••

　　对于一位新老师而言，教室里有一位演讲嘉宾似乎是一场即将发生的噩梦。如果孩子们不乖怎么办？如果他们说了令人尴尬的话怎么办？要是约翰尼又捣蛋怎么办？我完全理解这种感受。我执教的第二年，邻座的数学老师邀请了一位演讲嘉宾来到他的课堂。我们教同一个班。当他告诉我，他要邀请一位演讲嘉宾给学生们介绍未来的职业路径，我钦佩他的勇气，因为这群学生的确令人挠头。当他谈到演讲嘉宾时，他表现得很兴奋，面带微笑。但事后，他很生气，因为学生们不积极参与而且还很粗鲁，甚至还有一个学生把一个纸球扔到讲台上。他赶紧从讲台上下来，维持纪律。

　　说实话，我很幸运一开始就从另一位教师那里得到了一些指点。她告诉我，如果你仔细计划，知道如何吸引学生，如何激发学生和演讲者之间的互动，那么邀请演讲嘉宾授课可能是最有效的学习经历之一。她还告诉我，如果根据课程内容选择演讲嘉宾，并做好计划，以便他们所讲的内容与学生目前正在学习的内容一致，或者提供一个不同的看问题的视角，如果你能让学生喜欢嘉宾，那么课堂教学一定富有成效。她鼓励我勇敢尝试一次，但很快就变成了很多次。结果太棒了！从那以后，我就迷上了这种教学方式。我可以给你一些建议，但是每位嘉宾的演讲都独具特色，要具体问题具体分析。

我将在这里分享邀请演讲嘉宾的成功案例。每次课堂演讲的经历都很愉快，效果总是超出我的预期。以下是我们多年来邀请过的演讲嘉宾，他们把孩子们所学的课本知识与现实联系在一起：

- 民权委员会

- 职业面试小组

- 退休法官

- 奥斯维辛集中营幸存者（通过Skype交流）

- 未来的宇航员

- 音乐治疗师

- 艺术治疗师

- 家庭医生

当我们阅读埃利·维赛尔的作品《夜晚》(*Night*)时，还邀请了一位与众不同的大屠杀幸存者来演讲，她是一个德国士兵的女儿。起初，同学们都非常反对我邀请她。在我解释她的身份之后，一些学生嘘声不断。但我谈到（不是说教）了她的感受，以及她如何胆怯地告诉我她的身世。她的故事是否值得一听，对此我们都谈了自己的看法。我平静地告诉他们一定要设身处地想一想。他们都认真地听了我的建议。

后来，同学们还知道她很胆怯而且年事已高。她的女儿给我写了一封电子邮件，告诉我她母亲还在犹豫是否要来做演讲。她的故事太独特了，当知道孩子们在读《夜晚》时，她担心全班同学对她演讲的反应。她担心没有人会想听或者理解她的经历，或者更糟，他们会有敌意。我能感觉到她想要放弃。我把这个消息告诉了同学们，我们还在课堂上讨论了该做些什么。一位学生建议我们去找她。我们决定制作一张巨大的海报，上面写着我们对于即将见到她是多么兴奋，希望她能来做演讲。学生们还给她写了快信，告诉她他们有多想听她的演讲。

这些资料改变了老人的想法。收到海报和信件后，她的女儿给我发了电子邮件，说学生来信挂在她90岁母亲的床头。她的女儿告诉我，她的母亲说，现在她能感觉到有人想听她的故事。我在课堂上读了这封邮件，并且将它打印出来，挂在墙上。随着演讲嘉宾来访日子的临近，学生们越来越期待。

接待演讲嘉宾的小贴士

- **让学生准备好迎接嘉宾。**我和学生们会提前做一些准备工作：我们会详细介绍与演讲嘉宾相关的事宜。学生们确切地知道她是谁。我们还在教室里挂了一张嘉宾的照片，这样当嘉宾到来时，学生们就可以认出她，他们就会表现得体。

- **分享关于演讲的背景故事。**如实地告诉学生们你和演讲嘉宾的谈话内容，让他们了解这次活动的情况！我用投影仪给学生们展示我与嘉宾之间发送电子邮件的内容，转述我们之间的对话，用手机播放语音邮件。学生们喜欢听到嘉宾们说想来做演讲。这也让他们知道你和熟悉的人谈论他们，关心他们。如果连续有几封电子邮件，我会一一展示给他们看。我们讨论嘉宾对于演讲会有何感受，我们应该如何做好准备。这的确会提升学生们的情商。很开心，他们了解了我邀请嘉宾的全过程。

- **比你的学生更重视一点。**学生们可能一开始没意识到，但他们最终会明白，如果他们没有重视的感觉，很可能是因为他们不了解事情的全部。你要把全部情况解释清楚。有一个学期，我教八年级的学生撰写感谢信，我决定给他们找一位真正的读者——我们当地的消防员，并请同学们写一封信，感谢他们为扑灭圣地亚哥县森林大火而付出的努力。我向他们展示了感谢的力量，也教会他们如何运用同理心——大火没有直接影响到学生们的安危，但他们仍然应该感激这些消防员为拯救众多生命所做的一切。学生在第一次写感谢信时，都不相信这些信会有人读。他们说："收到信的人可能会把它们扔掉吧，别浪费钱买邮票了。"

"他们不会那么做的，"我回答，"我想他们至少会把这些信挂在他们小餐厅的公告板上。大人们都喜欢感谢信之类的东西。"

"耶！"孩子们说，"这太酷了吧。"他们一直都在忙着写。我比他们更兴奋激动。

几周后，圣地亚哥消防队长的秘书发来语音邮件，询问队长和消防队员们是否可以来我们班，感谢同学们所做的一切。我把语音邮件播放给学生们听。他们都激动得说不出话来。一周后，消防车开进了我们学校的停车场，警报灯闪烁（学生们都好奇地询问情况），当地许多记者也听说了学生们写感谢信的事情。当晚，当地的新闻频道报道了此事。

我比学生更加重视这些感谢信，想要把它们发给真正的读者。消防队员的来访变成了一次美好的经历，让学生们感受到感激的力量。当你比学生更重视某一事情的时候，奇妙的事情就会在课堂上发生。

- **给演讲嘉宾寄一封信或一张卡片，告诉他们学生见到他们会多么激动。**如果嘉宾感到紧张的话，这将有助于他们了解学生的想法。对演讲者而言，青少年有时是很可怕的！如果学生能这样做，演讲者会对他们更加热情。

- **让学生们在心理上和行为上做好准备，见面时举止得体。**我不会在演讲嘉宾面前管教我的学生。我会告诉他们，我不会惩罚他们，相信他们会尊重自己。我想赋予他们权力，这样他们可以尽可能与演讲者交流。我会提前给学生做培训，这样他们就知道如何与人打招呼，如何举止得体，以及在嘉宾感到紧张时该怎么办。我们还讨论了如何使用肢体语言，他们可以提什么问题，不能提什么问题。我们事先进行了演练，学生们问了所有他们想知道的问题，我告诉他们这些问题会让演讲者产生什么样的感觉，以及如有必要的话，如何复述自己的问题。学生与嘉宾互动时，他们知道可以问一些有难度的问题，因为我教他们如何巧妙地措辞。这些重要时刻都值得关注。

- **信任你的学生，赋予他们主动权。** 学生们看到我把主动权给予他们，就明白了我信任他们。我们大约提前两周开始准备。如果你对学生们有所期待，不要采取威胁的方式，要让学生知道邀请嘉宾的理由，他们就会应付自如了。我们邀请的每一位嘉宾都给学生留下了深刻的印象。而且，学生拥有主动权。我从未在听演讲时要求学生只能听讲做笔记。他们可以用视频的方式记录下来。如果有嘉宾在场，教会他们如何互动，如何得体地提问，这都是极为必要的。这才是真正的学习。

当坐在轮椅上的女嘉宾讲述她的人生经历时，坐满125名八年级学生的教室静得出奇。女嘉宾谈到了她对父亲的爱，以及她青年时期的经历。我让学生们在便笺上写出想问的问题，交给我。通常情况下，我不会这么做，但由于女嘉宾身体的残疾以及她的话题比较悲伤，我需要先看看这些问题是否得体。（否则，我强烈建议你让学生自己提问。）邀请这位嘉宾演讲的主要目的是让学生们知道，当他们来到这个世界上，亲人之间也会有冲突，但人们能从冲突中感受到爱。聆听很重要，因为每个人都有值得一听的故事。

小练习

1. 你会邀请什么样的演讲嘉宾来强化即将学习的内容?

---

2. 邀请演讲嘉宾给你的学生们传达了什么样的信息?

---

3. 在课堂教学中邀请演讲嘉宾的重要性是什么?

有效
方法 **38**

赋予学生权力与话语权

· ·

> 在这堂课上，我们会分享我们的想法、评论和观点，因为我们都
> 有重要的事情要说。
>
> ——莎拉，八年级学生

对于教师而言，最难掌握的技能之一是如何赋予学生权力，同时教师
又可以控制局面。它违背了我们做教师的职责（管理学生），但却有极大的
益处。

赋予学生权力（但教师又可以控制局面）的小贴士

• 组织一个论坛，学生们可以在此互相交流，而教师要成为一位强有力的
  引导者。

　正确的做法：在课堂或小组学术讨论中，随时给学生提供一些得体的
开场白，来表示同意或不同意别人的观点。

　错误的做法：因学生在学术讨论中争论得比较激烈而批评他们，却不
指出正确的做法。

212

- 允许学生对不妨碍学习的决定进行投票。要记住，有时候你最了解情况。

    正确的做法：学生们投票决定班级是否指定一位专门的图书管理员，还是每个人都参与班级图书管理。

    错误的做法：学生投票决定当天是否上课。

- 将学生的选择融入你的课程中。

    正确的做法：学生所在的四人小组中，他们可以自己决定组长人选，或者决定从四个备选故事中，选择一篇撰写文章。

    错误的做法：学生自己决定某项任务由哪几位组内成员完成，哪几位不必参与。

- 在活动中，让学生担任领导。

    正确的做法：在课堂活动中，找一名学生记录分数。

    错误的做法：让某位学生对整个小组成员指手画脚。

- 在小组中，让学生担任教师角色。

    正确的做法：参加同一次考试之后，让得分最高的学生，给考试成绩不佳的学生讲解某一概念。

    错误的做法：让嗓门最大的学生担任组长，他可能完全理解，也可能不完全理解这个概念。

- 让所有学生表达自己的观点。

    确保每位学生都发表意见。让他们知道任何观点都可以表达。

    正确的做法：如果你的教学进度过快，学生们可以要求放慢进度。教师要感谢他们表达了自己的学习需求。

    错误的做法：允许学生们抱怨为什么他们必须学习某一个概念。注意课堂上的从众心理。如果发生这种情况，告诉他们你很遗憾，但他们需要理解这一概念。

- 完成项目时，允许学生自己设定进度。经常检查，确保那些有困难的学生得到帮助，让他们觉得自己和其他学生一样成功。

正确的做法：完成项目时，让学生创建一个时间表，设定他们完成每一部分的时间。

错误的做法：允许学生一周内什么都不做，然后在最后一分钟匆忙完成项目。这并不能让学生学会如何管理时间。

小练习

1. 讨论一下你或你观察到的老师何时在课堂上将学生所选的学习内容纳入到课堂教学。是什么内容？这如何影响学生的参与？

_____

2. 在完成大型作业或项目时，你何时会给学生机会来设定和监控他们自己的节奏，又是如何做到的？你如何监控落后或工作太快的学生？这教会学生什么生活技能？

_____

3. 你对班级投票有什么看法？这在课堂上会是什么情景？分享一个班级投票起积极作用的案例。允许班级投票给学生传递了什么信息？

_____

有效
方法 **39**

表现出你对学生很在乎

· ·

> 到目前为止，您是我遇到过的最有爱心的教师。在您的课堂上，
> 我受益良多，不仅学会了英语，还学会了如何与人打交道。
>
> ——路易斯，九年级学生

学生对教师最常见的抱怨是"我的老师不喜欢我"。这听起来很幼稚，对吗？你猜怎么着？大部分的学生仍然是孩子。我经常听到中学生以及高中生这样抱怨。想想看，其实我们成年人也是如此。回想一下你最喜欢的老师。我敢肯定，你总会想起喜欢你的老师。再回想一下你最不喜欢的老师。我敢肯定，你会觉得老师不尊重你、不重视你，或者不喜欢你。我的导师曾经告诉我："学生只会记得在你课堂上的感受，而不是你在课堂上做了什么。"

学生在你的课堂上感受如何？是感到开心、被爱，还是害怕陷入困境呢？是直言不讳，还是保持沉默呢？是安静聆听，还是不断大吼大叫呢？是感到失望、沮丧、没有信心，还是觉得自己是世界上最聪明的学生呢？请不要只是口头告诉他们你的关怀，而是要通过行动表现出来。

向学生表现你在乎他们的小贴士

- **做好物质上的准备。**为学生准备好一些纸巾以及相关用品，让他们感受到关怀。让他们明白你现在所做的一切，都是为了帮助他们，哪怕是他们流鼻涕这样的小事，你也会关心他们。

- **与学生交谈。**新入职的教师总是在全班面前讲话，而有经验的教师则会与学生面对面交谈，并且认真聆听。

- **既严格又充满关爱。**对于教师而言，这两个特征相辅相成、缺一不可。如果你对学生过于严格，似乎显得你不想让他们成功。但如果你过于仁慈，他们就会觉得你过于宽松，无法激励他们前进。

  我建议你可以私底下为一些学生破例。告诉他们你是专门为他们破例的。想想当你明显超速时，警官要罚你。这时你向警官求情，警官竟然破例放你走了，这时你会跑去和车管局里的人说这个警官有多好吗？也许不会，但你会对这个警官产生好感。你会觉得这个警官富有同情心，很仁慈。他很有可能和你说，这次他会"放你走，但会给你一个警告"。私底下偶尔对你的一些学生也可以做同样的事情。悄悄放某位学生一马。给丢失笔记本的学生一本笔记本。如果你这样做，那位学生会喜欢你的。但要保证这样做时，你会非常谨慎。你要告诉学生，你之所以会为他破例，实际上是希望能看到他成功的，但不要被其他学生看见，否则同学们会议论纷纷，觉得你偏心。总之，教师要对学生的需要表现出足够的关心。

- **与刚休假回来的学生交谈几分钟。**当学生们从假期或是一个漫长的周末重新回到课堂上时，给他们几分钟时间和朋友们交谈。无论你给不给他们时间，他们都会这样做的，那为什么不这么安排呢？我通常会设定4分35秒的时间，或是设定其他类似有零有整的时间让他们交谈（这仅是想让他们知道我在控制整个局面），我还会让他们互相交流各自的假期是如何度过的。有时候，他们会说，"哇，老师，谢谢您。"然后，我会告诉他们，时间不太够了，并开玩笑地说再给他们多加1秒。这通常会引起一阵笑声。大多数时候我都会这么说：

教师：我可以给你们五分钟和其他同学谈谈假期的情况。但这样的话，你们今天能保证把精力重新集中到课堂上吗？

这时学生们总是说，能。

教师：现在先告诉我，如果你们觉得交谈五分钟之后，还是不能重新集中精力上课，能举手让我知道吗？你们不会有任何的麻烦，我只是想知道谁可能需要一些额外的帮助。（面带微笑地说）

几乎每次都会有两个学生举手。总的来说，他们不想让全班失望，所以会举手让老师知道。

教师：很好。我一定会给你们提供帮助的。感谢你们举手让我知道。现在开始吧。

启动计时器，让学生们开始交流。如果你愿意，你也可以在课桌旁与他们交谈。留意那些独自坐着而且没有与他人交谈的学生。当你遇到这种情况时，要请班里友善的学生过去询问一下这些学生的假期过得如何。这也是一个让学生感到有归属感的好机会。把计时器投射到投影仪上是一个不错的主意，这样学生们就可以知道他们还有多少时间可以交流，同时如果教导主任走进来，询问发生了什么事，也不必惊慌。这是一个处于教师掌控下的交流时间，五分钟之后，你可以重新进行教学。五分钟能让你赢得大家的尊重。当你停止计时，学生就会自觉回到座位上准备上课，因为你已经帮了他们一个忙。实际上，这两个举手的学生也不会有太大的问题，也不需要额外的教导。

学生们在一个宽松的环境中相互了解，并且把需要表达的事情都说了出来，他们就能投入学习了，与此同时，你也建立了一个健康的集体。此外，学习是一项社交活动。因此，在课堂上为学生创造能社交的环境将有助于营造学习氛围。他们会变得很愉悦，从而减少影响他们学习的不利因素。这4分35秒将对你的教学大有裨益。

现在，好好享受假期之后第一天的学习吧。这个方法奏效了。这就像是你送给了他们一份礼物，同时你的教学也会变得更加轻松。

- **学生表现优秀时，要告诉他们。** 除非他们的父母非常理智，否则他们可能已经被说教过——怎样才能做得更好，才能更像是负责任的兄弟姐妹，才能学到更多知识。如果学生学习认真，举止得体，在考试中成绩优异，对同学友善，或是用批判性思维回答问题，此时要表扬他们。当你认可学生的优点时，他们会表现得更好。如有必要，从小事做起。即使是称赞某人的书法这类小事，你也会惊讶地发现这称赞的效果很惊人。

谨记：如果你在等待学生失败，他们就会失败。如果你能发现学生的优点，将有助于他们取得成功。不要只是指出学生做得不对的地方，也要指出他们做得好的地方。毕竟他们已经受到了太多批评。

当你的学生很可爱的时候，表现出你的关怀一点也不难。但对于那些总是惹你生气的学生，你会怎么做呢？你同样也要看到他们的优点。深呼吸，想一想他们的优点。这是你的职责，要学会尊重每一个学生。

小练习

1. 你如何表现出对学生的关心？除了前面提到的一些想法，你能再补充一些吗？

_____

2. 在课堂上，你的言行是否一致？

_____

3. 如果你们班有个学生觉得你不喜欢她，你如何真正改变她的看法？

_____

与学生一起欢笑，一起学习

• •

这是我待过的最有趣的班级。

——杰登，八年级学生

在执教第二年，我记得有一次全班同学哄堂大笑。当时我正在管理课堂纪律，我非常吃惊，全班同学突然大笑起来。他们都盯着我看。当时我的脸涨得通红，问他们为什么笑，还试图阻止他们发笑。这一刻可能是老师最大的噩梦。

一个好心的学生从他的背包里拿出一面镜子，让我看看为什么同学们哄堂大笑。原来，我不知怎地把手里拿的蓝色记号笔的墨水抹到了鼻子上，就像是蓝鼻驯鹿鲁道夫正在训斥他们。最终，他们停止了大笑，因为他们觉得这样对我很不友好，尽管有一些人还是停不下来。我能想象到当时我看起来是多么愚蠢，板着一张脸，鼻头蓝蓝的，拼命地管理着那个吵闹的班级。这是那一年我记忆中学生唯一的哄堂大笑。

如今，我每天和我的学生一起笑。他们亲切地说我的笑声听起来像是一只海豚，实际上我的笑声听起来真的就像一只海豚。

你的学生知道你的笑声是什么样子的吗？

在上课之前，我通常会让学生分享一些好消息或是趣事（大概两分钟），比如，黑色星期五购物的故事，他们的弟弟妹妹在周末做的疯狂的事情，或仅仅是他们在学校看到的有趣的事情。开怀大笑能消除人与人之间的障碍，把人们聚集到一起，还能缓解焦虑和压力。开怀大笑还能让学生有安全感，帮助内向的学生摆脱恐惧。每当人们感到紧张或焦虑时，他们是不会笑的。我知道，如果我们笑的话，就会感到身心放松，并且乐于学习。因此，我和学生会在课堂上一起笑，他们不害怕在我的课堂上大笑，也绝不会直接嘲笑别人，而且他们看到我时，就会面带微笑。我们一起欢笑，一起学习。

企业也开始意识到这一点。在企业里，尤其是经理以及企业领导们都在鼓励利用笑容来加强同事之间的关系，以最大限度地提高生产力。哈佛大学的教师，世界顶尖幸福专家肖恩·埃科尔曾出版了一本名为《快乐竞争力》（*The Happiness Advantage*）的书。该书研究了幸福是带来优异表现的主要因素之一。他还给世界各地的公司教授一门有关幸福的课程，该课程向公司领导展示了快乐的员工是如何大大地提高公司业绩的。

教师也可以使用这一宝贵的方法。一个能让学生欢笑的老师，才能让学生敞开心扉地学习。

笑声让学生更高效，让学生开怀大笑的小贴士

- 设一个班级宠物。我每年总会找一个毛绒动物玩具，把它当作班级的宠物。有时，我会把它装扮得与众不同，放在全班同学面前。你需要一个中等大小的宠物，因为有时候学生们会把它拿起来，这样就不会显得太小。秋天来临时，我们会给班上的宠物鼠（我们把他叫作料理鼠王）穿

上万圣节的服饰；临近十二月时，他会戴上圣诞帽；天气变热时，他会带上游泳装备。每当学生们进入教室，它都会让他们发出愉快的笑声，学生们会立马注意到它，这是一个很棒的开场白。如果班级宠物的装扮与你正在学习的东西有关，那就更好了。连学校的高中学生也喜欢咯咯笑先生（我们的毛绒狮子）。他们总会在我班门口停下来，询问这只狮子是用来干吗的。

- 分发可以给学生带来惊喜的趣味奖品。为什么不让你课堂上的一些奖品或是奖励变得有趣呢？添加一些有趣的奖品。但只需几个即可，否则这个班级的学生不会喜欢你的奖品的！我班上有一个女孩曾获得过一小包酱油，她因此笑逐颜开。全班同学都很激动。我们一起开怀大笑。要让得奖的学生在全班面前展示奖品，这样你们便可以一起开怀大笑。如果你愿意，你也可以事后给学生一个真正的奖品，这取决于你的风格。你也可以拿来一个开口的大盒子，让学生们抽奖。或者，想出更有创意的点子——把鱼竿和浴室窗帘作为奖品。学生们还可以把奖品"钓"出来。

- 讲有趣的故事。讲一个曾经发生在你身上的趣事。确保学生们可以从中有所收获，这样他们才会明白你讲这个故事的用意，同时也证明你不是那种只会疯狂给学生传递信息的老师。这个故事会让你显得更加人性化。如果你能将个人经历与课堂讲授的内容巧妙地结合起来，那就更妙了。注意你讲的故事要合情合理。曾经，一位学生跑过来向我叙述了另一个老师告诉他的一个离奇的故事，他说："你能相信某某小姐告诉我们的故事吗？"这会让你看起来很不负责任，而且还有点不可思议。也请不要告诉学生自己人生那些悲伤的故事，他们不需要知道你的所有事情。

小练习

1. 学生在课堂上开怀大笑能提高学习兴趣，并改善学习效果，你认同吗？为什么认同或为什么不认同？

---

2. 你的学生在课堂上如何实现开心快乐地学习？想出三个新办法。

给学生准备小礼物

· ·

不管你是否喜欢，每个学期，你在课堂上与学生待在一起的时间可能会比你和最亲密的朋友待在一起的时间还要长。一个聪明的老师会充分利用这个机会来构建健康积极的师生关系。你将和班上的学生一起度过生日和其他假期。从某种意义上说，我总是把学生当作我大家庭的一部分。向学生展示你对这些假期的重视，偶尔送个小礼物也是可以的。比如，在情人节那天，我给每个学生送了一支带有爱心的木制铅笔，上边印有"情人节快乐"的字样。

送礼物同时也是一个提醒学生收到礼物时说"谢谢"的好方法。如果我把铅笔送给学生时，他们没有说"谢谢"，我不会责备他们，而是给他们时间体会。我会大声地对下一个学生说："不客气！"而忘记说"谢谢"的学生通常会害羞地尖叫道："噢，对不起，谢谢你，帕里泽女士！"作为回报，很多同学开始把糖果或者午餐留下的苹果送给我，以表明他们对我的关心。通过这样的方式，你可以间接教会学生感恩与不求回报的奉献。寒假临近时，我可能会送给每位学生一块好时巧克力，并对他们说"节日快乐"。

你不需要花很多钱，一个小礼物便能帮上大忙，这对高中生也管用。

这个小礼物能说明你关心学生。你是善意的，希望他们好，并且欣赏他们。如果礼物很小，我通常会开玩笑地告诉他们，作为一名薪水有限的教师，我花掉了银行账户里所有的钱给他们买了礼物。这时他们往往会感激地笑着，并且彬彬有礼地接过糖果。这是一个双赢的局面。秘诀就是不要花太多钱让学生们感到内疚，或是让他们觉得欠你什么，毕竟你是用辛苦挣来的钱给他们买礼物。你花费的时间和金钱要适度（我通常每个假期最多为我的学生花费5～10美元）。一盒铅笔、钢笔或是其他小东西就能起很大的作用。和你买的礼物相比，重要的是你的心意。学生们没有想到会从老师那里获得礼物，所以在他们眼里，你看起来就像是一个英雄，同时也感受到了你对他们的关怀。

小练习

1. 教师们对给学生准备礼物观点不一，你的看法是什么？

2. 给学生准备礼物会让他们有什么样的感觉？

3. 如果想让礼物最大限度地促进学习，你该如何做？

4. 当你收到一份"没有道理的"礼物时，你会有什么感觉？

做一位与众不同的老师

· ·

> 今年，非常感谢您让我成为您班级中的一员。您是我见过的最棒的老师。您是我的英雄。是您让我不再害羞胆怯，忍受孤单。您幽默风趣，总能给我提出好的建议，启发我开阔思维，富有创造力。您改变了一个十四岁孩子的人生，您就是我生命中的老师/激励者/英雄，非常感谢您。
>
> ——罗伊，九年级学生

在我执教生涯的第八年，一位学生给我写了上面那段话。在读到它的瞬间，我深受感动。对这个孩子而言，我的与众不同之处在于我在课上给了他很多尝试的机会。我是他们班公共演讲课的老师。刚开课时，大家都非常害怕犯错。每当我提问，很少有学生愿意举手回答。我深知，如果他们害怕在公共场合发言，他们在今后的人生道路上可能无法成功。虽然学生们说话很小声，但我仍能感受到他们潜力巨大。他们需要有人帮忙消除胆怯，并告诉他们声音洪亮很重要，而我恰好做了此事。

我认为，教师的恐吓威胁无法帮助学生们摆脱胆怯的心理，有的教师会一遍又一遍给学生指出错误，课堂气氛充满敌意，学生们总是互相贬低，这些都无法帮助你达到教学目的。我明白，如果你想成为与众不同的老师，取得良好的教学成果，你首先需要做到以下几点。

成为与众不同的教师的小贴士

- 从教学第一天起，营造轻松、具有安全感的课堂学习氛围。

- 给学生尝试的机会，鼓励他们，并把课堂交给他们。让课堂变成公共演讲、表演、陈述或是苏格拉底式研讨会的现场。

- 用激励式的动作、口吻和语言告诉学生，你是他们的头号粉丝。

- 鼓励学生勇于尝试。告诉他们其实犯错并不难堪，要学会从错误中汲取经验教训。如果我们不这样做，学生们只会成为偶尔回答问题来应和我们的机器人。长此以往，他们就会变成胆小怕事的人。你现在有一年的时间让他们可以尽情尝试，勇敢直面错误，从而变得强大。在此过程中，他们也有可能不仅没犯错误，甚至超过预期，完美地完成学习任务。

  通过这些方法，学生们会变得越来越自信勇敢。你可能由此拯救了他们的人生，使他们不再感到孤独。

小练习

1. 学生在课堂上犯错时，你会怎么办？你的处理方式给犯错学生的感觉是什么？

2. 课堂上你允许学生做过的最冒险的事情是什么？你能做一次头脑风暴，想出更冒险的事情吗？

3. 对于害怕出错的学生，你如何鼓励他？

你要清楚一点，学生会特别关注细节

. . . .

在这个班级里，大家像家人一样共处。

——米歇尔，八年级学生

在课堂上，学生们在乎的往往是细节。想必你深爱的家庭会有一些你所喜爱的小细节吧，同理，让学生和老师都喜爱的班级也应如此。我们有时候并没有意识到，其实学生有很强的洞察力。我听过学生这样描述老师："你说的是史丹利老师吗？她人超赞，用的便利贴也非常酷。"

营造温馨的班级氛围的小贴士

1. 提供纸巾和无味乳液

虽然我之前已经提到过纸巾这个问题，但因为它确实非常重要，我觉得有必要再强调一次。女孩子们的胳膊和腿常常会很干燥，她们会因此经常来问我有没有乳液。以前我会用嘲笑的口吻说，"我当然没有啦"，但现在我意识到这个细节很重要，平时会在抽屉里备上一瓶。

2. 给学生们制作照片墙

在教室的一角贴上学生们的照片，记录他们学习、展示作品或者玩耍开心的瞬间。将他们的重要时刻都展示出来是很重要的，这也体现出你对学生们的关爱。学生们喜欢成为"家庭墙"或"荣誉墙"的主角。与在班级网站上放置学生们的照片相比，我喜欢把照片打印出来，挂在墙上。这样一来，就有更多人看见这些精彩瞬间，毕竟班级网站不是人人都可以登录的。你是他们的老师，你知道什么样的方式最适合你的学生。你可以让学生自己动手设计出独一无二的"班级墙"。图5.1便是我们班的"班级墙"，我还让学生们在"墙"上涂鸦。

图5.1　我们班的"班级墙"

资料来源：由塞丽娜·帕里泽提供。

3. 保持教室干净整洁

保持教室干净整洁会让学生们认为你很在乎这个班集体，同时也说明了你是一位有责任感的成年人。多年来，我总是在保持干净整洁的道路上犯难，实话说，是因为我生来作风不拘小节，但思维井井有条。虽然我工作上从未爽约过，但房间里总是到处都堆满了资料。为了给学生们提供干净整洁的学习环境，我必须努力变得更加整洁有序，这对我而言确实比较困难。上级来我们班时，经常会温和地提醒我，教室哪里看起来很乱，需要好好整理。（他们知道我会接受批评的。）他们深知为学生们提供干净整洁的学习环境非常重要，尤其是对于那些总是把家里弄得一团糟的孩子而言，更是如此。实际上，我非常感谢他们提醒我，因为我经常会因为各种原因而忽略了这一问题。因此，平时不妨问问其他人，你的教室是否看起来干净整洁。

学生们喜欢干净整洁的教室，同时，在这样的教室中学习，效率也会提高。其实，他们会注意到那些杂乱的细节。杂乱的教室表明你无法管理好班集体；相反，干净整洁的教室说明一切都在掌控之中。如今，我总是可以保持教室干净整洁，物品摆放井井有条。管理好班级的卫生也让你的办公环境变得有条不紊，更加舒适。你希望你的学生养成干净卫生的习惯吗（字迹工整，书包干净，文件夹有序）？那么，你也应该做到这些。

4. 让教室与时俱进

学生们喜欢新鲜的事物。其实新事物也有助于提升你的幸福指数。环顾教室，是否还有老旧的图标和装饰物，黑板上是否还写着以前的信息。赶快换掉它们吧。取下过时的装饰物或图片。如果你很犹豫是否要扔掉一份学习图表或材料，你可以做一份新的参考图表，把过去的主要信息提炼出来，当你需要再次查看这些信息时，使用这些参考图表即可。扔掉其他用不着的信息和图表，向前行进！

5. 准备一瓶空气清新剂

注意了，孩子们对气味特别敏感。没有人可以在臭气熏天的教室里安心学习。根据我的经验，大家都喜欢淡淡的香草味道。

6. 衣着得体

当学生们喜欢你的穿衣打扮风格时，他们似乎会更加尊重你。如果他们不喜欢你的着装，他们也会马上对你议论纷纷。我不是说你必须要走时尚路线（太时尚只会让学生觉得好笑，不会让他们尊重你），但也需要你花点时间好好打理自己。比如做头发，涂睫毛膏，把裙子熨平整，等等。让学生们明白你很注重穿衣打扮。

小练习

1. 认真思考一下你们班级的审美。你如何让学生知道你关心他们？哪些细节可以表现出你的关心？

_____

2. 把学生们的照片在班级里展示出来，对此你的看法是什么？这向学生们传达了什么？

_____

管理代课班时，让学生配合你

· ·

> 我喜欢你的观点。
>
> ——萨拉，五年级学生（在我代课一天后如是说）

我从不反感代课，也不觉得班级管理是代课过程中最困难的事情。因为你几乎不需要做任何备课工作，授课的内容已经为你准备好了。如果你不必和代课班级的学生保持联系，你只需要代课一两天即可；如果你愿意，也可以继续给他们上课。对我来说，在不同的学校找洗手间才是最令人头疼的。但是，在我自己总结出一套适用于任何班级、科目、年级的代课管理方法后，代课对我来说就轻松多了。这套方法往往很管用。

大部分和我交流过的老师与我的观点不同。他们表示，学生们往往不配合他们不认识的老师。学习如何高效地代课会使你的教学生涯轻松很多，因为有时你都得用备课时间（老师一天中的自由时间）给其他老师代课。这就是老师的日常。或许读这本书的你也是一位代课老师。

我有一个方法，让你95%的代课时光都能轻松度过，那就是面带笑容走进教室。学生们不会认为微笑是老师软弱的表现。实际上，他们认为微笑是一种强大的力量。你的微笑会震慑他们，因为他们很少遇见初次见面带着笑容的代课老师。你可以提前去代课班级，与进教室后看见的第一个学生交流（相信我，距离教室门口最近的一定不是调皮捣蛋的学生），询问他/她任何你不清楚的事项，他们也会很热心地回答你所有的问题。记住要悄悄地询问，不然周围的学生都会一拥而上，给出无数个答案，想方设法来帮助你。

当学生们到了教室，先请他们坐好。你要和全班同学打招呼：

"早上好！我是_____老师。"（一定要把名字写在黑板上）

同时，介绍自己时，你要指着黑板上的名字。如果学生们知道你的名字，他们会更加尊重你。如果你在学生们到教室之前已经写好了自己的名字，这也很好。

接下来，你需要这样说：

"我的代课方式有一些不同。你们比我更了解你们的老师。那么现在，把我当作一个消息传递员。我会给你们班打一个分数，并且反馈给你们的老师。10分是满分，你们的分数会始终出现在黑板上。"

然后，在黑板上写一个大大的"10"，并且在周围画上一个盒子。

现在，你可以这样说：

"你们班现在的分数是满分，10分。如果你们继续保持现在的状态，我会告诉你们的老师，你们是满分班级，表现超级棒。但是，如果有同学在该保持安静的时候交头接耳，或者不完成自己的学习任务，这个分数就会变成'9'。"

同时，划掉"10"，在旁边写一个"9"。此时，学生们会发出哀叹声。

"不过，你们也可以把分数提上去哦！当你们认真听课，完成任务时，分数又会变回'10'分！"

我代过的班级中，分数最低的是6分，但我也带过表现超棒的11分班级。你也可以给他们列出三个评分标准。确保这些标准是你期望学生们达到的。我一般会在黑板上写下这些标准：

评分标准

1. 听从老师的要求；

2. 言语和行为上尊重你的同班同学和教室里的成年人；

3. 禁止大声喧哗。

方法就是这么简单。先在黑板上写一个"10"，然后一点点扣分，变成"9""8""7"（记住一次只增减1分）。当班级的分数发生变化的时候，告诉他们。在课堂结束的时候，你要确保分数在"7"到"10"之间。为什么这样会有效果呢？

1. 在课堂一团糟的时候，学生们有机会改正。

2. 这关乎集体而非个人。你不是在惩罚个人，而是集体。在代课过程中，对个人的惩罚一般而言是无效的，因为之后学生们和你并无交集。

3. 来自同伴积极的压力会起作用。我保证你会听见有人说，"萨里！嘘！别说话！我们想把分数提上去！"

我在给三年级到十一年级代课时都使用这种方法。通过这种方式，你把课堂的主动权交给了学生们。他们会注意自己的言行举止（他们能看见分数的变化），而不需要你把好学生和调皮捣蛋的学生的名字写在黑板上。如果你期望他们在课堂上有良好的表现，这个方法就会奏效。不妨试试看。这个方法很简单，也会让你代课过程轻松不少。

务必在代课结束的当天，把分数通过邮件或写便条的方式汇报给班级老师。有时候班级之间会互相竞争比较，看看谁是最高分的得主。

小练习

1. 你如何看待这套方法？你认为它为什么会有效？

_____

2. 这套方法赋予了学生自我管理的权力还是剥夺了他们的这项权力？

_____

3. 用这套方法教学，学生们会有什么有益的收获？

_____

在课堂上添加意外惊喜

· ·

吉尔·萨蒂在她的文章"为什么人类需要惊喜"（Why Human Need Surprise）中指出，惊喜能增加我们大脑中多巴胺的释放量，从而使我们在生活中更有活力。同样，惊喜也能提高学生们的课堂参与度。我们把礼物包装起来，里面藏着惊喜，我们还会举办惊喜派对。或者，我们即兴安排一次学生想不到的郊游，某些幸运儿还会享受到惊喜约会。有些人喜欢了解神秘的事物，有些人喜欢阅读推理小说。当生活变得太容易预测时，我们就会觉得无聊。尽管井然有序和持之以恒对教学有着巨大的作用，但优秀的教师仍知道如何在课堂上穿插一些惊喜元素来保持课堂的趣味性。作为一名教师，我经常使用惊喜元素。惊喜对于小孩子和成年人都适用，当然也适用于学生，因为它非常有趣。

切记：校方雇用你来给学生们上课，他们希望你讲的课充满趣味，富有吸引力并且知识讲解到位。用惊喜的元素营造有趣的课堂气氛，将会使你的教学更加轻松有趣。当我提到"惊喜"时，我不是指气球一定要从天花板上掉下来（当然如果你那么做，也会非常有趣）。惊喜的事情可以有很多。

为你的课堂添加意外惊喜的小贴士

- **准备一个神秘的大奖。**如果你计划学习的活动有奖品的话，请把它放在学生能够看到的地方，但要把它包起来。在奖品上面盖一张纸，写上"神秘大奖"或者"这是什么"。另一个想法是可以购买一个漂亮的盖子，就是饭店通常用来给菜品保温的那种。你可以在亚马逊或是二手店里买一个，在揭晓奖品时，大喊"快看呐"！重点是要让学生感到惊喜。即使奖品只是一块糖果或书签，惊喜本身也能让你和学生更加开心。只要确保不会有一个鲁莽的学生过早地撕下这张纸，破坏你的惊喜。这比给予获胜者奖励更加令人兴奋。

- **让他们猜一猜。**给学生两分钟时间猜一猜托盘或是纸张下面的盒子里装的是什么。你会惊喜地发现这两分钟是多么令人激动。一些离谱的答案会让你和全班大笑不已。笑声能让全班人的心凝聚在一起。

- **留出一些线索。**在全班将要阅读一本小说或是开始学习一个新的单元之前，要激起学生们的好奇心。每天给他们一点线索。开展一项活动，不断暗示即将要发生的事情。你会发现，走廊上迎面而来的学生都在猜测这一课或这一单元会学什么。这样做，可以在你的课程中融入惊喜。

- **用一个小道具激起兴趣。**如果你打算在课堂上使用一件教具，那么把它展示出来，这样全班都会好奇你会用它来做什么。教具有助于教学，因为它能把新的概念和实物联系起来。使用教具是英语学习中常用的策略，它可以提高学生的学习能力和课堂参与度。所有物品皆可以成为教具。例如，你正在上的一堂课，需要展示去年完成的一个项目，那么你就展示这个项目。这将会成为学生进门时关注的焦点。或者，当你讲授希腊神话，与学生一起阅读有关回声和水仙花的传说时，在教室前面摆放一个花瓶，里面插着水仙花，并在花瓶上贴上一个纸条："为什么这朵花会成为我们今天学习的一部分呢？"这样学生就会感到好奇、好玩，对你所创造的趣味感到惊奇，而且更容易记住那天学习的内容。

- **领先全班同学一步。**我在最早开始教学时，有一次想在课堂上与学生读一部小说，我使用了添加惊喜的方法。当时我有些担心：当我公布书名时，个别同学会抱怨或是翻白眼。不是因为这本书无趣，而是因为班里有32个学生，总有一两个学生会这样。于是我决定采用添加惊喜的方法，让班里所有人都兴奋起来。

我在教室的一个箱子里找到一块闪闪发光的银色的布。我把学生们要读的小说都堆在黑板前的地毯上，用这块布盖住，并在布的上方贴了一张颜色鲜艳的纸，在纸上画一个大大的问号。当八年级的学生走进教室时，我是这样说的：想象一个满是苍蝇和一大碗蜂蜜的房间。学生们走进教室，都好奇地围着这个闪闪发光的大东西看，我不得不多次提醒他们不要去碰它。他们太好奇了，有几个学生趴到地毯上，试图从底下偷看，而有些人则试图用铅笔戳它（规则是不能触碰）。"同学们，我想我知道它是什么了！"一个学生尖叫起来。毋庸置疑，上课十分钟后，当我掀开那块闪亮的银布时，学生已经急不可待了。你能在教室里感受到学生对阅读的兴奋之情。他们尖叫着，欢呼着，迫不及待地想要阅读这本给他们带来惊喜的书。如果我只是把书发给学生，他们会感觉如此惊喜吗？当然不会。

能够带来惊喜的秘诀在于领先全班同学一步。你要提前想好，你下一单元要教什么，或是在班级竞赛中什么样的学生将会获胜，或者你们班要完成的下一个学习项目是什么。总之，惊喜不仅能增添课堂的乐趣，还能向学生表明你是准备有序的、有趣且负责任的，这是一个双赢的局面。

小练习

1. 回想一下上次你得到的大惊喜。你当时感受如何？惊喜是如何提高学生们的参与度的？

_____

2. 惊喜能够提高学生们的参与度，你个人赞同这一观点吗？请阐述原因。

_____

3. 回想过去的一堂课。你是如何运用惊喜元素来提高学生们的参与度与兴奋度的？

_____

和一个五年级学生的真实对话

教师：现在，我来说一下规则。昨天是女生先排队，今天轮到男生先排队了。我们要实现男女平等。

女生：可是，男生的收入已经比我们高了。

第六部分

保持身心健康

记得有一位把学生管到极限的老师

读一年级时，我的老师曾把一位男生绑在椅子上，因为他在上课时，总是不断地站起来，跑来跑去。当我们安静地听讲时，这个男孩会到处跑，还会打人。教师只是想让他坐在椅子上，这样她就能讲完课了。她这样做，班里的每一位同学都很高兴，那是20世纪80年代，并没有所谓的"变态折磨学生的老师"。她其实是一个非常好的教师。她会借助周围的一些东西来管束调皮的学生，这不像是有预谋或是其他什么。我想这位教师把那个男孩管到了极限。

——詹娜，38岁

课堂管理时为什么要保持理智

我们的工作目标是不要达到极限，身心俱疲。保持身心健康就是要减少工作压力对生活的不良影响。我们并不想把学生绑在椅子上。如果在工作中，老师们在心理和身体上都不能好好照顾自己的话，即使是最好的老师，也会身心俱疲的。在这部分，我将介绍一些保持身心健康的好方法，这样你就可以在学生面前保持最佳状态。如果你在照顾自己时，图省事想走捷径，你的教学也会受到影响。你无法表现得精力充沛，而且对学生也会缺乏耐心和热情。

一位教师朋友的个人经历

我记得，那是2005年秋天的一天，火车站一片混乱，我盼望着能安静地乘坐通勤列车到巴黎郊区的学校，但火车却因故障停下来了。

当时，一些通勤列车遭到了破坏，起因是肇事者为了抗议一场导致法国发生紧急和暴力骚乱的致命事件。两名青少年，都是外来移民，从警察那里逃跑时遭受电击身亡，移民社区也因持续多年的移民问题对该事件感到愤怒。

作为福布莱特的交换老师，我来到巴黎学习第二语言教育。在美国教了三年的初中和高中法语之后，我想了解欧洲是如何教授语言的，也想在可爱的路边咖啡馆喝喝咖啡，于是，我被分配到巴黎郊区的一所中学。不过，我发现自己是在全国问题的中心教学。

接下来的几周，这种无法预料的局面，既让我觉得煎熬又让我享受到额外的乐趣。十年之后，作为一名教师，我看到了当年自己的失败之处和成功之处——在这次全国性的危机中成功地让我的学生继续学习。

我的第一个错误是期待我的教学不受影响。我是一个教学经验丰富、勤奋努力的老师，于是我便以为我会顺利地度过这一年。我从来没有想过，外部环境的力量如此强大，我根本不能与之抗衡。记住：不要对新学年期望过高。

在骚乱开始之后，课堂上发生的一切让我感到自责，我忽略了这是当时的大环境使然。现在我明白了，我们不可能总是完美的，时刻可以掌控局面。有时，大环境的混乱也会使得你的学生心浮气躁，无法安心学习。这所学校位于巴黎市中心，受这次骚乱的影响最大，班级纪律混乱，有时我甚至连一节课都无法教完。由于学生学习中断了，我深感内疚，觉得自己没有尽到责任。

在那段时间里，我本该允许自己留出一些教学失误的空间。因为即便是经验丰富的法国教师也难以管理自己的课堂。

但有一件事情我还是感到骄傲的，那就是我主动寻求帮助。作为教师，有时我们无法完全独立地完成一件事情。我把自己的焦虑告诉了当时也在巴黎的美国朋友，他们邀请我共进晚餐，并向我详尽地解释了法国移民问题的来龙去脉。我一直和我的导师保持联系，以获得精神上的支持。我还向我的法国同事寻求课堂管理方面的帮助。教师是孩子们的守护神，教师和学生需要相互支持。

在休假的日子里，我享受到了只有在巴黎才能享受的一切。我和一位小提琴手朋友一起演奏过二重奏，经常去看法国电影，听小型音乐会以及参观博物馆。我尽可能地吃好，在这座城市里到处游逛，以锻炼自己。我们忙碌地教书，我做了我喜欢的一切。

要想教好书，我们需要保持内心的平静。我最大的成功是，在我回到美国学校的时候，在这个祥和安静的社区里，我看到了自己作为一名教师非凡的价值。教师在维护一个社区的稳定中起着不可替代的作用。我们教书，我们育人，我们维护和平与繁荣。这听起来可能是陈词滥调，但我们需要把自己的杯子装满，以浇灌我们的幼苗——学生，课堂就是我们培养幼苗的地方。

——丽贝卡·马德尔，
美国马里兰州帕图森特河学校的高中法语老师，
15年教学经验，富布莱特学者

有效
方法 **46**

平衡你的生活

. . . .

你无法从空杯子里倒出水来。

——佚名

我花了四年时间才明白上面这句话的含义。在执教第一年，一个周五的晚上8点半左右，校长发现我还在教室里工作。当他进来的时候，我暗自窃喜，因为这样他就能看到我多么敬业了。然而，他只是说了两个字："回家！"在工作的头几年里，我总是熬夜加班。除在学校工作之外，我很少锻炼，经常工作到深夜，吃得很凑合，从未悉心照顾自己。然后发生了什么？当学生们表现不佳的时候，我厉声斥责他们；我在课堂上缺乏足够的激情，并且感到越来越疲惫。

所以，该部分的主题就是——底线。如果想要更好地关爱学生，你必须先要照顾好自己。保证自己饮食合理、锻炼适度以及睡眠充足。这说起来容易做起来难，尤其是当你还有其他家人要照顾的时候。而关键一点是必须做到身心平衡。在工作的头几年我未做到这一点，但在我有意识地努力平衡我的生活之后，我注意到我的教学水平有了显著提高。

在我平衡好工作与生活之后，我展现出自己作为教师最好的一面。学生需要的是一个健康、不过度操劳的老师。我不仅努力工作，同时也养成了锻炼的习惯，准时上床睡觉，并且注重饮食。要清楚！要想做一名好老师，你必须保持最佳状态。那你应该怎样做呢？难道只是单纯地减少工作量吗？

平衡工作与生活的小贴士

- **运动。**把锻炼安排在你的日程表上。否则总会有层出不穷的事情阻碍你的运动计划。无论是散步、跑步、瑜伽、普拉提，或是在跑步机上锻炼，每周至少运动两次。坚持下去就一定会有效果。你会发现你不仅没有失去冷静，反而变得更有耐心。

- **留一张"自我解放"卡。**嘘……这是一个秘诀，并且只有在你真正处于困境的时候才可以使用。你桌子上有堆放了三周仍未批改的作业吗？学生们甚至有可能已经忘记这些作业了。其实，你会发现你无法批改所有的作业，那么集中精力批改当前可以具体评估学生是否掌握某项基本技能的作业。回想一下，是否有些作业与学生必须掌握的技能无关？或者你已经给评估相同技能的其他作业打过分了？那就不用再重复批改了。这会让你感到轻松，留出时间批改更多的作业。跳过一两个障碍可以帮助你赢得整个比赛。这个方法确实有用。

- **优先考虑，提前准备！**利用你的准备时间做好充分准备！这期间，我会列一张清单，上面写着我必须要完成的任务。我把它贴在便签上，严格按照清单上的时间表执行；否则，我可能会在一件事上花费太多时间。优先考虑你必须做的事情会让你取得成功。列一个清单，坚持下去。

- **立即回复信件。**尽快回复电子邮件、文件和电话。否则一旦积攒下来，就会像信用卡的利息一样，如滚雪球般越滚越大，令你无法招架。我在收到信件时，常常在收发室就填好相关表格，以免信件在我的办公桌上堆成一堆，造成一种视觉上的压力。如果可以的话，立即回复。这也会使你成为一个效率更高、更有价值的员工。

- **寻求学生的帮助时，要谨慎。**若某天你感到特别劳累或身体不适，可以寻求学生的帮助，请求他们协助你的工作。实际上，这样做会让你更接地气，拉近你们的距离。但如果你频繁使用该方法，你在学生中的威信就会减弱。因此，使用这一办法时须谨慎，谨慎，再谨慎。

- **把工作和个人生活分开。**2014年，谷歌在一项研究中就工作与生活平衡的问题进行了问卷调查：谁更健康？是那些将工作与生活明确分开的人（我们将其称为"分割者"），还是那些工作与生活混为一谈的人（我们将其称为"综合者"）？根据调查结果，谷歌得出如下结论：那些将工作和生活明确分开的人比将其混为一谈的人要快乐两倍。

- **培养工作以外的兴趣。**当你享受自己的假期时，关掉你的工作邮件。下班后，只安排固定的时间段办公，以方便学生联系你。如果能留点时间给自己，你会对生活更加满意，从而成为学生眼中更好的老师。

- **只专注于最重要的事。**作为教师，我们至少需要五年甚至更长时间，才会发现我们到底需要在教室里做些什么，例如整理橱柜这类事情真的那么重要吗？对你来说什么是最重要的呢？于我而言，课程最重要。我会不断完善课程计划，使之趋于完美，因为我知道一个紧凑而有吸引力的课程安排是减少课堂失误的最有效的方法，这也能帮助你更好地集中注意力。要知道，教室里有很多让你分心的事情，你必须知道你需要做什么，以及如何去做，同时还要合理分配时间来调节和放松自己。

　　如果你不注意自己的身心健康，那么繁重的教学任务就会把你活活拖垮。时间少不能成为你的借口。多腾出时间给自己，你一定会更快乐，成为学生眼中更好的老师。学生会注意到你的变化。

小练习

1. 你认为教师有可能实现工作和个人生活的平衡吗?

_____

2. 你现在的工作和个人生活的平衡度如何?

_____

3. 集思广益,讨论一下你想要或是具体需要做出哪些改变,以实现工作和生活的平衡。

_____

4. 拿出自己的时间表,写下一些能平衡身心健康、让你成为一个更好的老师的活动。这样一来你和学生就会实现双赢。

_____

学会应对艰难的家长会

···

教师们都需要应对麻烦的家长会和棘手的家长。我们会受到质疑，不被家长所认可，因此，我们不得不想办法来证明自己。我们需要改变自己的不利处境。而家长会恰好提供了一个完美的契机。在家长会上，教师的发言有可能搞砸与家长的关系，也可能与家长冰释前嫌。在家长会上，我们见证过泪水，也见证过欢笑。我们都可能会把家长会搞砸，但只有亲身实践，才能学会更好地处理艰难的家长会。

我记得我主持的第一个令我抓狂的家长会。那是学期末的最后一周，班上的一位女生不太高兴，因为她觉得自己的考试分数不应该如此低。教室里混乱得像马戏团表演，我也是没办法了才会这么称呼。成绩已经上交学校，学生的学习任务也已全部完成，我正在努力维持课堂秩序，设法让他们安静地坐在座位上。这时一个陌生人出现在门口。我可以看出她和那个正在伤心的学生长得很像。是她的母亲、伯母，抑或是祖母？但当我看到来势汹汹的女人脸上那愤怒的表情时，两人是什么关系似乎已经无关紧要了。我马上要当着全班学生的面被训斥一番。我能做些什么呢？给办公室打电话求助？逃走？我设想了种种可能。

我尽力保持作为一名教师的专业性，努力抑制住想要躲在桌子底下的冲动，我问她我们能否出去谈。我站在远离门口的地方，以免学生看到她有失风度（我不知道还能怎么说）的一面。

天哪，她真的骂了我一顿。

她怒气冲冲地训斥我，没完没了。万幸的是，一位管理人员从旁经过并加入了我们的对话，帮助我一起向那位家长解释。除了听自己的老师被训斥外，我不知道我的学生还能做些什么。这次家长会之后，我知道我必须做出一些改变。绝不能让同样的事再次发生。我犯的最大的错误是当学生的成绩开始下滑时，没有立刻通知家长。我只是太忙了，但现在我认识到，当学生的成绩迅速下滑时，通知家长很有必要。让我们回到我教学生涯第五年的一次家长会上：

我们班的一位学生对她所得的成绩感到很沮丧。我知道她的成绩很低，因为她在课堂上总是偷偷讲话，在学习上也不尽全力，但她很委屈，觉得自己被冤枉了。她不停地向她的父母哭诉，因此她的父母要求和我见一面。

在这种情况下，最基本的两个原则是不要总是替自己辩解，也不要过于自负。肢体语言是非常重要的；与家长要有眼神交流，当他们说到点子上的时候要点头示意。不要双手抱臂放在胸前，一副满不在乎的样子。要与家长产生共情。他们爱孩子，因此，会支持孩子认为正确的事情。他们只是认为成绩不合理，而并非针对老师本人。

如果一个学生在课堂上提出他的父母想和你谈谈，告诉学生：你的父母想和我见面吗？我认为这是个好主意，这样我们就能探讨如何帮助你进步。

邀请家长会面。你可以这样开场："_____ 先生/女士（学生家长的名字），我是 _____ 女士/先生（你的名字），_____（学生姓名）的老师，我想知道您是否有时间？（尊重他们的时间）_____（学生的名字）向我提过您希望进行一次面谈。她告诉我这个消息时我很开心，因为我刚好想要打电话给您。我很高兴我们能共同努力找出帮助她的最好方法。我们都希望她能进步。不知道您什么时候方便见面呢？"

在你安排好时间后，尽量不要再在电话里讨论任何事情；一切都留到会面时处理。至于是否让学生一同参与会面则由你自己决定，但我总是喜欢让学生也参加会面。当她有机会表达自己，并且自己的想法被他人倾听时，她会觉得自己为解决问题出了一份力。毕竟，每天听你上课的是学生，而并非家长。我发现这种会面很有效。要为会面提前做好充分准备；否则你只会不断地兜圈子，重复相同的内容。例如，准备相关文件，准备好学生作业范本和未交作业的名单，等等。

好的，现在具体的准备工作已经完成，但还需做好充分的心理准备，要知道家长可能会面带怒气地冲进教室，准备与你"一较高下"。会议的目的是倾听、倾听，再倾听。要有同理心，学会推己及人。不要打算在家长会上战胜谁；如果你这样做了，只会更加激怒家长，学校甚至也会进行干预，这不会是你想要的结果。怀着一种想要帮助学生共同进步的心态来和家长进行探讨。

现在，我们来模拟一次真实的家长会：

家长和学生走了进来。他们似乎都很生气，准备好好和你理论一番。你为他们每人准备了一瓶水，这让他们很惊讶。如果原本双方气氛比较紧张的话，这会是一个很好的加分项！你已经打印好了学生的成绩单（但要背面朝上，避免给学生带来突然的打击），以及她草草应付的作业。让他们知道你在掌控整个家长会，但要确保他们有机会表达自己的想法。下面是会面流程：

在你坐下之前，确保与父母和学生都握手。"史密斯先生，非常感谢您今天的光临。我知道你们对莎拉这次的成绩有些担心。我也同样如此。莎拉，你能告诉我们这是怎么回事吗？"

把话语权交给学生，让她解释。做一个倾听者，不要试图打断学生的话。如果她说了一些指责性的或不准确的话，用"我很遗憾你有这种想法"做出回应。

然后，先肯定学生的优点："莎拉，我首先要肯定你的课堂表现，你总是积极举手发言。班里能有一个像你这样勇敢的学生真是太好了。"在会面前，找出这个学生至少一个优点。

"不过有时候，你的长处发挥得不是地方。在同学们做作业时，你却在和朋友聊天。这是导致你分数低的原因。你同意我说的吗？"这时大多数学生都会点头同意。"所以我很想帮你提高成绩，我要怎样才能帮助你上课不随意说话呢？"

学生可能会耸耸肩，或者要求你给她换座位。通常情况下，父母会提出，若再发生此类情况立刻打电话联系他们。

太棒了！你得到了自己想要的结果。

首先，你赋予了家长权力。现在，当你再打电话给他们时，他们很可能会站在你这边。记住，如果家长希望你给他们打电话，那你就可以安心了。其次，学生知道你和父母正在一起帮助她。当他们原本想要一起跟你理论时，你只需把权力交到他们手上即可。现在的学生很可能已经不需要你打电话就能在课堂上表现得更好，或者你可能只需要偶尔给家长打个电话汇报一下学生的情况。

一场成功的家长会的小贴士

- **倾听，倾听，再倾听。**向家长点头示意，表示你在倾听。站在他们的立场上想问题，学会理解他们。家长们总是希望被倾听和理解。

- **准备好成绩单、学生作业和其他相关资料。**把这些当作支持自己观点的证据，而不是武器。

- **与家长合作。**与家长站在同一立场。你想竭尽全力帮助他们的孩子。

- **达成共识。**让家长知道你尊重他们的孩子，就双方想要共同为学生进步做出的努力达成共识。

- **尽早制订计划。**提前做好准备总比突然接到家长的质问电话要容易得多。家长最终会心怀感激，而非质问你为什么等了这么久才通知他们。要知道他们很爱自己的孩子。

  以上建议可以让我免于被骂得躲在桌子底下。

小练习

1. 在你看来，和家长谈话时最大的困难是什么？你如何克服这个困难？

2. 回想一下你曾经有过的和家长谈话的不愉快经历。学了以上技巧，你能做些什么来改善这种情况？

3. 现在，回想一下进行得比较顺利的家长会。你采用了哪些行之有效的方法？

保持平衡：给予和索取要对等

· ·

　　教师是社会和学校的一分子。作为一名新教师，我们往往手忙脚乱，力不从心。这意味着我们要尽可能地寻求帮助。比如，我们可以从别处复制相同的工作表格，尝试着上各种课程，向愿意帮助我们的人求助。（以后，你就会发现你求助的对象也是需要精挑细选的，因为你可能会得到100种不同的答案。）我们不断地学习，这是新教师的天性。我们渴望并需要帮助，从组织教学到时间管理，再到学生行为管理。然而，这也需有限度，同样，我们也必须回馈他人。

　　一旦你渐渐进入角色，就开始给别人一些帮助吧。当他人有困难的时候，请伸出援助之手，帮助指导学生社团或运动会；放学后主动留下来帮助安排活动；为你的搭档复印资料。这些举动并不会破坏学校整体工作的平衡，而且你永远不知道何时你也会需要别人的帮助。而同事们则会记得你的帮助。有付出才会有回报。你一定不希望在需要帮助时，却无人愿意帮你。

小练习

• 画一个 T 型图表。在其中一栏标注"我所付出的"，另一栏标注"我所得到的"。

• 现在，尽可能多地列出每一项。对自己诚实。你给予或被给予的东西可以是物质、时间或支持。要尽可能具体。

• 对照图表。你的图表朝哪个方向倾斜？如何在内容较少的那一栏增添内容，使图表保持平衡呢？列出三种能使你的图表保持平衡的方法。

及时回应，定好优先顺序

· ·

　　某天，你到校后发现，同事给你发来15封邮件，其中1封来自校长，3封来自其他老师，都需要立即回复。一想到这个我就汗流浃背。你还有一个来自家长的语音邮件等待回复。一堆文件摆在你的办公桌上，更不用说你还要批改一大堆作业了。学生们每天都在问他们的成绩何时会公布，而下个星期的工作，你还没有做出计划。你如何才能处理好这一切呢？

　　多年来，我一直深受上述情况困扰。整整四年我都是这样度过的。每当想到必须要做的一大堆工作时，我就"压力山大"。压力使我身陷困境，无法在最佳状态下工作。

及时回应，定好优先顺序的小贴士

- **快速回应。**如果可以的话，请尽快回复电子邮件。一堆待处理的工作是看得见、摸得着的压力。如果你每天都能及时处理手头的工作，你也会被视为高效员工。如果可以，不要把你的文件放置超过两天。

- **首先完成最优先的任务。**优先考虑现在真正需要做的是什么？并完成它。

- **列表。**把你要做的事情记录下来，这样你就不用老想着它们了。切记，你要做的事情不仅会占用你宝贵的精神空间，也会减少你完成任务的

脑力。当你完成某项任务并在工作列表中擦掉它时，这会给你带来一种

成就感。

- **完整地做完一项任务。**完整地做完一项任务，比起同时做很多事却都未

  完成，会让你觉得更有成就感。

小练习

1. 你还没有完成的最重要的两个工作任务是什么？ 列出它们并优先考虑哪个更重

   要。为之设定完成期限。

_____

2. 对你的两项个人生活中的任务也做同样处理。

_____

3. 在过去的工作中，你有没有做过一些不必要或者耽搁了更重要工作的事情？ 回

   顾过去，你会如何重新确定优先顺序？

_____

4. 对你的个人生活任务做同样的思考。

_____

学会与同事相处

• •

　　不管你是否相信，和你的同事相处融洽，对于你在课堂教学的成功和保持身心健康都至关重要。教书时间越长，你就越清楚地意识到我们确实需要同事的支持。同事可以帮你代课，借给你纸张，陪你外出考察，帮你和学生打交道，面对困难时，给你提供宝贵的建议，甚至当你在上课想去厕所时，帮你代一会儿课，也会在那些艰难的日子里为你提供情感支持。和同事发生矛盾会影响你教师生涯的成功。如果你和某位老师不和，第二年却被安排在她的邻班上课，甚至要与她做搭档，想象一下这是多么糟糕的体验吧。与学校的所有员工保持良好的关系将有助于你的教学生涯顺利发展。

处理同事冲突的黄金法则

1. 不要八卦他人。

2. 和同事说话时，要使用尊重的语气。

3. 如果你把事情搞砸了，请尽快道歉。

4. 在问题恶化之前，通过沟通的方式解决。

5. 注意你在电子邮件或社交媒体上所发布的内容。要知道它会被永久保存，它也可以被转发或与他人共享。

　　6. 不要试图通过邮件或短信解决与同事的分歧。如果在电子邮件或短信中出现了分歧或误解，请尽快与同事进行面对面的沟通，以解决问题。对话是无价的问题解决工具。

　　7. 解决问题时，遵循层级顺序。有问题时，首先去找同事沟通解决，事后如有必要，再去找主管。如果冲突无法解决，或者涉及相关法律问题，主管就应该介入了。

小练习

1. 有没有同事对你说过其他同事的闲话？这让你感觉如何？你对这位八卦同事的感觉如何？

_____

2. 高科技沟通方式越来越普及，为什么通过面对面沟通来解决问题与分歧依旧十分重要，尤其是在工作场合？

_____

3. 你是否曾与同事有过分歧？是通过面对面沟通还是电子邮件解决的？你认为这是最有效的沟通方式吗？

_____

开阔视野：课堂管理的全球视角

土耳其的课堂管理模式

直到现在，我对在土耳其教一年级的经历仍记忆犹新。在国内教学时，大部时间里我都是教中学生或高中生，而在私立学校教低年级的学生，对我是一种全新的挑战。

一般来说，在土耳其，学生们在学习和考试中压力很大，很多人都害怕会犯错。此外，课堂管理被视为一个帮助教育工作者找出促使学生进步的方法的工具，并以此给学生施加压力，使其尽可能趋于完美。然而，这种方式其实不值得鼓励与提倡，因为它并不利于学生取得进步。这种方法被应用于世界各地的课堂上，但以土耳其最为常见。学生压力越大就越容易趋于完美与成功，虽然我们学校的很多家长都是医生和大老板，但也非常认同这一观点。在土耳其执教时，我发现人们很少使用激励措施，指导人们学习和改进工作。意识到这一点之后，我认为我需要做些什么来帮助我的学生们放松，享受求知的乐趣，而不是一味地去追求完美。

我的学生需要一种方法来激励他们自己。对我来说，帮助他们理解为自己渴望得到的东西而努力奋斗，为一个小的成功而庆贺，以及享受一些权利的重要性意味着什么，是至关重要的。我还发现，那些家庭优越的孩子更易学会如何融入课堂，并能平等地看待每个人，包括他们自己。同时，这也使他们具备一种洞察力，能够去洞悉如何正确对待他人。反过来，这也有助于他们修正自己的不当行为。

众所周知，土耳其是一个崇尚集体主义文化的国家。在那里，工作通常是由大家合力完成的。我运用奖励制度来培养学生们的个性，使其更加自立，能在基本的协助下独立完成任务。此外，奖励机制还教会他们要对自己的行为负责。这有助于我的学生们在课堂上取得更好的成绩，并能与同学建立良好的友谊。他们逐渐得到提升，不是出于对失败的恐惧，而是源自对成功的渴望。

我的奖励制度使得课堂气氛更加积极活跃，使他们能真正地学到知识。通常，我总会尝试多种教学方法，直至找到真正有效的为止：我试着让他们在网络教室（Class Dojo）（https://classdojo.zendesk.com）里注册账户并挑选自己的个人头像，并根据表现从中选出一个优等生。

通过使用网络教室的软件，我会根据每天的课堂表现，给所有学生打分，每累计10分，我会给他们一些奖励。最初是奖励贴纸或改变他们网络账户上的个人头像，然后会荣升为学生助教并获得特殊荣誉证书。如果某天班上每个学生都加了1分，则以班级为单位累计1分，每累计10分，全班同学会得到一个集体奖，最初奖励十分钟室内或室外自由玩耍的时间，奖励的分数不断累计之后，我会允诺他们举办一次班级聚会。

每周，我们都会推选出一名表现最佳的学生，这样所有学生都有机会在课堂上表现自己，并因学业成绩优异和课堂积极参与而获得奖励。我有一张彩色海报，上面贴着他们的照片，他们会在自己的照片周围画一些画来展示"自我"，比如，他们最喜欢的科目或者他们长大后想做什么，等等。

正如所料，由于学生个性迥异，年龄尚小，在教学过程中，如何找到最佳的奖励制度，这是我遇到的一个难题，也需要我不断反思，以找到解决问题的方法。这个年龄段的大多数孩子都倾向于自我关注，当别的孩子得到奖励而自己没有得到时，他们会很难接受和理解。他们会因为没有得到一张贴纸，或者没能成为某一周的最优学生，感到沮丧与挫败。我不想让学生们失去获得奖励的动力，也不想影响我们已经建立的良好关系，所以我决定制定一些策略来解决这个问题。

首先，我会确保我班上的每位学生都有机会在整个学年因某一方面表现出色获评最优学生，这样他们就能在学业上始终动力十足、积极参与。以网络课堂的积分为例，每当奖励学生时，我会邀请他/她到教室前面再颁奖，并向全班解释其获奖的原因，这样可以树立榜样以便其他同学学习。当我发现有人为班级、朋友做好事或帮我的忙时，我也会奖励给他们额外的积分。学生们还学会了互相支持，合作学习，以获得课堂积分和奖励。

在连续使用了班级奖励一段时间之后，那些曾经因为没有得到奖励而认为不公平的学生，突然开始积极地改变自己，和其他同学一起积极参与课堂活动。我还发现他们会主动回答问题，完成额外的作业，而不需要我去帮助或干预。一段时间后，我发现这种奖励制度可以营造这样一种班级氛围——学生们更加积极主动，他们发自内心地为那些获得奖励的朋友们感到高兴。这一奖励制度在我的课堂上创造了一个如此不同的世界！孩子们感觉更有成就感和责任感，他们发展了自己的能力并取得了成功。我发现这一奖励制度真的非常有效，并建议其他学校的老师也使用类似的方法来创造快乐的学习环境。

——萨曼莎·瑞恩布莱特

在伊斯坦布尔执教7年

写于美国学校斯屈达尔

小练习

1. 我们可以从这位教师在课堂管理方面的国际经验中得出什么结论？

2. 在这位老师的课堂上，学生获得成功的主要障碍是什么（参看有效方法9），而这位老师是如何克服这些问题的？

3. 你会做同样的事情吗？为什么？

50个教学原则和禁忌清单

教学的魔法手杖	教学中的重大失误
1. 尽快熟悉学生名字。	1. 开学很久了,学生们仍旧发现你不知道他们的名字。
2. 做你自己。	2. 不让学生了解你的个性。
3. 提前安排好教学步骤和课程结构。	3. 临时安排教学步骤和课程结构。
4. 使用"我"叙述,比如,"我需要你……","帮我……"。	4. 使用"你"叙述,比如,"你需要做……"。
5. 在学年初,根据学生信息合理安排座位表。	5. 随意安排座位表。
6. 经常表扬积极的学生。	6. 只关注学生的负面行为。
7. 当学生们犯错误时,以鼓励的方式重新给予指导。	7. 因学生犯错而羞辱他们。
8. 将难以管理的学生和其他学生一视同仁。	8. 将难以管理的学生和其他学生区别对待,歧视他们。
9. 当学生们表现不佳时,要像侦探一样查明原因。	9. 当学生们表现不佳时,认为学生"不想学习"。
10. 用温暖友好的语言和语气营造一种积极和关爱的课堂气氛。	10. 经常在课堂上传播负能量。
11. 表扬学生要当着全班人的面,批评学生要采取私下一对一的方式。	11. 经常当众惩罚学生;这只会给你带来一种虚假的权威感。

教学的魔法手杖	教学中的重大失误
12. 观察谁是班上最难管理和最内向的学生，了解他们的兴趣爱好，借此与他们交流沟通。	12. 认为难管的学生不会改变。
13. 奖励学生。	13. 告诉全班同学，他们不应得到奖励。
14. 与最难管理的学生约定好行为规范。	14. 允许难管理的学生总是犯相同的错误。
15. 将你的教学与实践相联系。	15. 教学与实践分离。
16. 不断阅读教学理论书籍，参加教学研讨会议，保持与时俱进。	16. 所有的教学活动都一成不变。
17. 保持固定的教学节奏：给小学生和初中生的教学时长应为10~20分钟，给高中生的则应为30~40分钟。	17. 教学进度过于缓慢。
18. 用适当的音量与学生们交流。	18. 当你与学生以小组或一对一方式学习时，让全班学生都听到你的讲述内容。
19. 上课前，找出所有漏洞，进行最后的修改。	19. 上课之前没有准备授课计划。
20. 教学中，使用项目教学法或问题教学法。	20. 每学期的授课内容与整体教学计划割裂。
21. 让你的课堂充满挑战，并且在日常学习中为学生提供知识上的帮助。	21. 授课内容太简单，没有挑战性，也缺乏教学辅助内容。
22. 在教学中勇于尝试。	22. 总是让学生待在他们的舒适区内。
23. 教会你的学生，在教师不在场的时候，也知道如何为成功做好准备。	23. 积攒大量工作任务。
24. 对学生进行创造性思维的训练。	24. 从未将你的创造力和风趣的一面展现出来。

教学的魔法手杖	教学中的重大失误
25. 在考试或者默读中，使用肢体语言暗示让学生保持安静。	25. 在本应安静的教室里讲话。
26. 给学生明确的任务描述，或者给每个人单独的角色描述（如果需要的话），以便学生为小组工作做好准备。	26. 没有清晰地描述小组作业的任务。
27. 使你的课程富有创意且计划周详。	27. 讲课枯燥乏味。
28. 使每节课都包含至少三种教学活动。	28. 课堂授课方式单调。
29. 如果一节课有失误，要花时间思考如何改进，将其作为一种学习方式。	29. 授课有误，却不花时间反思。
30. 要知道，有时家长不好相处，是因为对自己孩子的关爱和担心。	30. 遇到难沟通的家长们时，总是替自己辩解。
31. 花时间和你的搭档一起做教学计划。	31. 在不做教学计划、不进行沟通的情况下，进行合作教学。
32. 在你需要时寻求帮助。	32. 把寻求帮助当作弱点。
33. 寻找一个比你更优秀的导师。	33. 从不花费时间旁听那些在教学方面比你更好的教师讲课。
34. 向其他教师询问你是否可以旁听，哪怕只是几分钟。	34. 从不花时间旁听其他教师讲课。
35. 与其他教师交谈时，想想你在你自己的课堂中可以尝试什么。	35. 和其他教师只讲你班级的事情。
36. 用尊重的语气谈论你的学生。	36. 总说你的学生不想学习。
37. 邀请嘉宾来课堂演讲，并且让学生为其做好准备。	37. 邀请嘉宾来演讲时，不安排你的学生提前做准备。

教学的魔法手杖	教学中的重大失误
38. 在日常上课过程中鼓励学生发言。	38. 总是提高嗓门控制纪律,使教室保持安静。
39. 让学生知道你关心他们。	39. 只是口头对学生表达关心。
40. 和学生一起欢笑。	40. 班级气氛总是很严肃。
41. 分发礼物。	41. 告诉学生他们不应得到奖励。
42. 从第一天起就创造一个安心的学习环境。	42. 学生犯错时总是很生气,让他们不敢在你的课堂上大胆尝试。
43. 保持班级整洁有序,展示学生的照片。	43. 教室无序杂乱。
44. 授课前做好充分准备。	44. 授课时总想着学生可能会捣乱。
45. 偶尔给你的课堂增添点惊喜,来提高学生的参与度和活跃度。	45. 你的授课中从未有过惊喜。
46. 每学期都将运动安排在你的日程中。	46. 从不抽时间照顾自己。
47. 为艰难的家长会做好充分准备。	47. 家长会前毫无准备。
48. 在你的工作环境中做到给予和索取的平衡。	48. 在你的工作环境中给予或索取太多。
49. 优先完成最重要的任务,并尽可能完全做完每项任务。	49. 工作任务没有优先顺序。
50. 通过对话,而非电子邮件和短信,与同事联系或者解决小矛盾。	50. 说同事的闲话。

学期的最后阶段

—————— The End-of the Beginning ——————

学期的最后阶段是所有教师都渴望达到的时段。当你不需要在课后花上数不清的时间去捡纸团，或因学生表现不佳而打电话找家长时，你就可以开始毫不畏惧地去创造。把宝贵的时间集中在撰写课程计划上是一件很美好的事情，因为你知道课堂是你的盟友，而非敌人。我有时会回想起执教第一年时经历过的那些不愉快的事情，我记得那个男孩在课堂上总是左摇右晃，整个班级似乎比过去一百年来的任何战争都更具威胁性。

有一次，一位教授九年级的优秀老师——后来转到行政部门工作，告诉了我一件令我印象深刻的事。她说，一名教师在学期结束前的目标是"不再工作"。因为这表明你已经建立了一个真正的学习者群体，群体成员之间互相依赖，而不是只依赖你，向你寻求帮助。这意味着他们可以自己解决小的冲突，他们可以一直保持前进的动力，而不需要不停地改善，他们成员之间懂得合作和分享，他们代表了更高层次的思考能力。

假如我走出教室时没有学生注意到，我总会认为这就是一个成功的学期。因为他们在学习和学术合作上特别投入。他们通常以项目或问题为基础进行单元学习，正如我的导师曾经说过的，处于"自动驾驶"状态。"通常，在学期末时，我会用这个方法做测试，从教室门口走几步，然后停下来。"大多数时候，他们不会注意到我走开了，因为他们太专注于他们的期末项目了。他们也不需要我来解决小矛盾，因为他们已经学会了这些技巧。他们也不再需要我不断地夸奖，因为他们已经有了自尊心。这种时刻会使我颤抖，甚至热泪盈眶，因为作为老师，在这样的时刻，我们会变得很情绪化。自然而然地就发生了（没有任何理由）。我会有这种感觉，是因为我知道，当他们不再需要我时，就意味着在学校外面的世界里，他们有更好的机会成为更好的自己。我们都体验过这种苦乐参半的感受。大多数时候我都会有这种感受，如果我们在学期结束的时候没有这种感受，没关系，我们迟早总会体验到的。

因此，在学期的最后阶段，我不再是一名战士，甚至不再是一名训练中士。我是一名真正的老师，我和学生们在这段学习旅程中并肩前进。我还有很多东西需要学习，并且每天都在学习。我在课堂上该怎么做，才能使学生获得最佳学习效果、提高他们的参与度呢？我在课堂上该怎么做，才能对最有天赋的孩子和其他孩子一视同仁，帮助他们共同进步呢？我该怎么做，才能像应对孩子一样自如地处理与成年人之间的问题呢？这些问题促使我每天都在我的岗位上做得更好。我认真倾听，不断学习，寻找良师益友。教学的最美妙之处就是我们总是在学习。作为老师我们一直在成长，我们的学生也一直在成长。

祝你旅途好运，也许某天我们会在某段人生旅途中相遇。献给你和你的梦想；希望我在本书中分享的真实经历能帮助你达到更高的教学水平。

塞丽娜

肺腑之言：教师对教师的忠告

每天都是崭新的。经常给予学生做出正确选择的机会。灵活一点，随机应变。微笑并且关心学生们，你可能是唯一会这样做的人。另外，你还要保持冷静和耐心。

萨夫特女士，
加州金布罗小学儿童早教专家，
6年工作经验

在许多情况下，教学是很有压力的。有时你会感到愤怒、沮丧、焦虑和情绪化。做点什么，比如休息一会，在日记里写下你的感受，去电影院、剧院等放松一下。最重要的是，你要动起来，试试瑜伽、远足、慢跑，或在你的院子里劳作。

德罗切博士，
加州圣地亚哥大学教师，
30年工作经验，
曾任中学教师和校长

作为教师，我们只有换位思考，才能完全理解学生们的想法。

哈姆碧尔女士，
博茨瓦纳加里赛克尔高中教师，
15年工作经验

项目式学习能使学生了解在现实世界中合作的益处，使合作不仅成为可能，而且成为必然。

肯普先生，
加州维斯塔高中教师，
10年工作经验

我认为最有力的行为管理技巧之一就是让学生喜欢你，并且想上你的课。我总是先这样做，让班级成为一个充满乐趣和关爱的场所。如果学生喜欢你、尊重你，他们就会关心你的想法，想令你开心。如果通过吓唬学生来教学，你可能会得到暂时的成果，但代价是什么？

佩雷斯夫人，
加州杰弗逊小学幼儿园教师，
21年工作经验

做你自己。不要害怕在学生面前承认自己的失误。当你犯错时，要勇于承认，但要始终坚定、一致、公平，爱你的学生。

梅洛女士，
加州金山小学初中和小学教师，
11年工作经验

不要对孩子妄下判断。我们永远不知道每个孩子最终会走哪条路，我们必须尽力在孩子发展的道路上成为一个有益的"加油站"。我花了很长时间才明白这一点。而且，每天都是全新的，不要心怀抱怨。来回走动也有助于课堂管理。我试着每隔10到15分钟换一种活动，让大脑保持活跃。

雷吉斯特女士，
加州卡容公园学校初中和高中教师，
10年工作经验

提前准备，对我来说很有帮助，包括课程计划、总体计划、教学资源。要记住，你是去教书，而不是为了获得声望和友谊。声望来自学生喜欢你的课，这需要你准备充分不辞辛苦，尤其是作为一名新教师。

索耶斯先生，
纳米比亚温得和克高中
初中和高中教师，
5年工作经验

花点时间去了解每个学生，每天都问候他们，面带微笑并直视他们的眼睛。有机会时，和每个学生交谈，聆听而不评判。做真实的自己，不要害怕让学生了解真实的你。这样你会和学生建立真正的友谊，你在课堂上会更快乐，你会发现学生们的纪律问题也会更少。

斯旺—格斯坦女士，
加州综合小学上一任副校长，
11年工作经验

营造一种相互尊重的氛围非常重要。你倾听并尊重学生，他们互相尊重，也尊重你。他们不必喜欢你和每位同学，但他们需要学会尊重别人。工作中人们需要学会如何与别人合作。认真备课，这是课堂上营造相互尊重氛围的重要环节。

帕里泽女士，
34年工作经验，
退休的高中教师，
缅因州 汉普顿学院

当请高年级学生教低年级学生时，高年级学生会因教师对自己的信任，行为举止有很大不同。高年级学生会更愿意提高嗓门来维持纪律，却不太在意学习效果如何。当我让一些八年级学生教三年级学生时，他们有的粗鲁，有的友善，总之都在模仿自己的老师。

思杰帕提先生，
尼泊尔创意学院小学及
中学的行政人员和教师，
9年工作经验

在学年开始，管理班级时，你需要做许多琐碎小事。你要自己决定！做对你的班级有用的事。例如，如果在地板上让学生用剪贴板做手工对你来说很重要，那么一定要在教室里留一个区域来做这个工作。

韦特女士，
马萨诸塞州格林菲尔德中学教师，
21年工作经验

272

在执教第一学年教一年级是一个真正的挑战，因为我还没有掌握有效的课堂管理技巧。可我尝试了许多不同的方法，直到找到了真正有用的。使用奖励制度，比如，本书提到的网络课堂使得我的教学完全不同，孩子们变得更有成就感和责任感，他们也知道自己有能力取得成功。

瑞恩布莱特女士，
土耳其由斯届达尔SEV美国学校
小学ESL英语教师，
7年工作经验

在学年初就尽力在班级里创造一种团队意识。起初这需要花费点时间，但当学生们在班级中有归属感时，这会有很大益处。

帕里泽女士，
伊利诺伊州阿基巴阿谢克特走读学校
小学教师/顾问，
8年工作经验

一定要学会照顾自己并且满足自己的个人需要。找到除教学之外的兴趣，并发展这一兴趣，这非常重要。我现在每月都会做按摩和足疗，练习冥想，活在当下。我还做一些其他我喜欢的事情，比如写诗、去海滩、听音乐会和逛农贸市场，使自己充满活力。当你尊重自己的需求时，你会觉得自己是一个完整的人，这有助于你成为更好的老师。

齐默马克尔女士，
加州梅萨维德中学教育专家，
9年工作经验

对我来说，与学生交流时有效的方法是，相信他们一定会成为非常有成就的人。我不告诉他们该做什么，不该做什么。我只是分享我的故事，了解他们的目标和梦想。在听他们讲述的时候，我不评判。倾听将我与他们紧密联系在一起。

拉伊女士，
印度鼓舞人心的青年演讲者，
5年工作经验

执教第二年，我决定采取一种不同于传统权威老师的方式。我很热情、善良、积极。我绝不高声训斥孩子们。结果，我发现学生们也变得更加友善、积极和热情。

贝克女士，
加州冈珀斯预科学院
初中和高中教师，
7年工作经验

学会发现班级里谁是"学生们的头"，哪怕他只是带着大家调皮捣蛋。去了解他，和他做朋友，让他站在你这边，那么其他学生也会照做。

杰姬·希克斯，
加州科提兹希尔学院
初中和高中教师，
10年工作经验

和一个小学生的真实对话

我（向一个我不认识的非常小的学生介绍自己）：你好，我是帕里泽女士。如果你记不住，你今天可以叫我P女士。P就是Potato（土豆）。你能重复一遍我的名字吗？

学生：你的名字是Potato。

"常青藤"书系—中青文教师用书总目录

书名	书号	定价
特别推荐——从优秀到卓越系列		
★ 从优秀教师到卓越教师：极具影响力的日常教学策略（入选浙江省教师节用书）	9787515312378	33.80
★ 从优秀教学到卓越教学：让学生专注学习的最实用教学指南	9787515324227	39.90
★ 从优秀学校到卓越学校：他们的校长在哪些方面做得更好	9787515325637	33.80
★ 卓越课堂管理（中国教育新闻网2015年度"影响教师的100本书"）	9787515331362	68.00
名师新经典/教育名著		
★ 马文·柯林斯的教育之道：通往卓越教育的路径（两度拒任美国教育部长的当代传奇教师。朱永新倾情作序，李希贵、哈佛大学幸福课沙哈尔、斯坦福大学德韦克教授力荐）	9787515355122	49.80
如何当好一名学校中层：快速提升中层能力、成就优秀学校的31个高效策略	9787515346519	29.00
像冠军一样教学：引领学生走向卓越的62个教学诀窍	9787515343488	49.00
像冠军一样教学2：引领教师掌握62个教学诀窍的实操手册与教学资源	9787515352022	68.00
★ 如何成为高效能教师（美国最畅销教师用书，销量超过350万册，教师培训第一书）	9787515301747	89.00
★ 给教师的101条建议（第三版）（《中国教育报》"最佳图书"奖）	9787515342665	33.00
★ 改善学生课堂表现的50个方法（入选《中国教育报》"影响教师的100本书"）	9787500693536	33.00
改善学生课堂表现的50个方法操作指南：小技巧获得大改变	9787515334783	29.00
★ 优秀教师一定要知道的17件事（美国当前最有影响教育畅销书作者全新力作）	9787515342726	23.00
美国中小学世界历史读本/世界地理读本/艺术史读本	9787515317397等	106.00
美国语文读本1-6	9787515314624等	252.70
和优秀教师一起读苏霍姆林斯基	9787500698401	27.00
快速破解60个日常教学难题	9787515339320	33.00
★ 美国最好的中学是怎样的——让孩子成为学习高手的乐园	9787515344713	28.00
建立以学习共同体为导向的师生关系：让教育的复杂问题变得简单	9787515353449	33.80
教师成长/专业素养		
从实习教师到优秀教师	9787515358673	39.90
像领袖一样教学：改变学生命运，使学生变得更好（中国教育新闻网2015年度"影响教师的100本书"）	9787515355375	49.00
你的第一年：新教师如何生存和发展	9787515351599	33.80
教师精力管理：让教师高效教学，学生自主学习	9787515349169	28.00
如何使学生成为优秀的思考者和学习者：哈佛大学教育学院课堂思考解决方案	9787515348155	39.80
反思性教学：一个已被证明能让所有教师做到最好的培训项目（30周年纪念版）	9787515347837	49.00
★ 凭什么让学生服你：极具影响力的日常教育策略（中国教育新闻网2017年度"影响教师的100本书"）	9787515347554	28.00
运用积极心理学提高学生成绩（中国教育新闻网2017年度"影响教师的100本书"）	9787515345680	39.80

书名	书号	定价
★ 可见的学习与思维教学：让教学对学生可见，让学习对教师可见（中国教育报2017年度"教师最喜爱的100本书"）	9787515345000	29.80
可见的学习与思维教学：成长型思维教学的54个教学资源：教学资源版	9787515354743	36.00
教学是一段旅程：成长为卓越教师你一定要知道的事	9787515344478	39.00
安奈特·布鲁肖写给教师的101首诗	9787515340982	35.00
万人迷老师养成宝典学习指南	9787515340784	28.00
中小学教师职业道德培训手册：师德的定义、养成与评估	9787515340777	32.00
成为顶尖教师的10项修炼（中国教育新闻网2015年度"影响教师的100本书"）	9787515334066	35.00
★ T. E. T. 教师效能训练：一个已被证明能让所有年龄学生做到最好的培训项目（30周年纪念版）（中国教育新闻网2015年度"影响教师的100本书"）	9787515332284	39.00
教学需要打破常规：全世界最受欢迎的创意教学法（中国教育新闻网2015年度"影响教师的100本书"）	9787515331591	33.00
10天卓越教师自我培训（教育家安奈特·布鲁肖顶尖卓越教师培训教材）	9787515329925	29.00
给幼儿教师的100个创意：幼儿园班级设计与管理 / 为幼升小做准备	9787515330310等	58.00
给小学教师的100个创意：发展思维能力	9787515327402	29.00
给中学教师的100个创意：如何激发学生的天赋和特长 / 杰出的教学 / 快速改善学生课堂表现	9787515330723等	87.90
以学生为中心的翻转教学11法	9787515328386	29.00
如何使教师保持职业激情	9787515305868	29.00
★ 如何培训高效能教师：来自全美权威教师培训项目的建议	9787515324685	32.00
良好教学效果的12试金石：每天都需要专注的事情清单	9787515326283	29.90
★ 让每个学生主动参与学习的37个技巧	9787515320526	28.00
给教师的40堂培训课：教师学习与发展的最佳实操手册	9787515352787	39.90
提高学生学习效率的9种教学方法	9787515310954	27.80
★ 优秀教师的课堂艺术：唤醒快乐积极的教学技能手册	9787515342719	26.00
★ 万人迷老师养成宝典（第2版）（入选《中国教育报》"2010年影响教师的100本书"）	9787515342702	29.00
高效能教师的9个习惯	9787500699316	23.00
★ 好老师可以避免的20个课堂错误（入选《中国教育报》"2010年影响教师的100本书"）	9787500688785	21.50
课堂教学/课堂管理		
课堂提问的技术与艺术	9787515358925	49.00
如何在课堂上实现卓越的教与学	9787515358321	49.00
基于学习风格的差异化教学	9787515358437	39.90
如何在课堂上提问：好问题胜过好答案	9787515358253	39.00
高度参与的课堂：提高学生专注力的沉浸式教学	9787515357522	39.90
让学习变得有趣	9787515357782	39.00

书名	书号	定价
如何利用学校网络进行项目式学习和个性化学习	9787515357591	39.90
基于问题导向的互动式、启发式与探究式课堂教学法	9787515356792	49.00
如何在课堂中使用讨论：引导学生讨论式学习的60种课堂活动	9787515357027	38.00
如何在课堂中使用差异化教学	9787515357010	39.90
如何在课堂中培养成长型思维	9787515356754	39.90
每一位教师都是领导者：重新定义教学领导力	9787515356518	39.90
教室里的1-2-3魔法教学：美国广泛使用的从学前到八年级的有效课堂纪律管理	9787515355986	39.90
如何在课堂中使用布卢姆教育目标分类法	9787515355658	39.00
如何在课堂上使用学习评估	9787515355597	39.00
7天建立行之有效的课堂管理系统：以学生为中心的分层式正面管教	9787515355269	29.90
积极课堂：如何更好地解决课堂纪律与学生的冲突	9787515354590	38.00
设计智慧课堂：培养学生一生受用的学习习惯与思维方式	9787515352770	39.00
追求学习结果的88个经典教学设计：轻松打造学生积极参与的互动课堂	9787515353524	39.00
从备课开始的100个课堂活动设计：创造积极课堂环境和学习乐趣的教师工具包	9787515353432	33.80
老师怎么教，学生才能记得住	9787515353067	48.00
多维互动式课堂管理：50个行之有效的方法助你事半功倍	9787515353395	39.80
智能课堂设计清单：帮助教师建立一套规范程序和做事方法	9787515352985	49.90
提升学生小组合作学习的56个策略：让学生变得专注、自信、会学习	9787515352954	29.90
快速处理学生行为问题的52个方法：让学生变得自律、专注、爱学习	9787515352428	39.00
王牌教学法：罗恩·克拉克学校的创意课堂	9787515352145	39.80
让学生快速融入课堂的88个趣味游戏：让上课变得新颖、紧凑、有成效	9787515351889	39.00
如何调动与激励学生：唤醒每个内在学习者（李希贵校长推荐全校教师研读）	9787515350448	39.80
合作学习技能35课：培养学生的协作能力和未来竞争力	9787515340524	45.00
基于课程标准的STEM教学设计：有趣有料有效的STEM跨学科培养教学方案	9787515349879	68.00
如何设计教学细节：好课堂是设计出来的	9787515349152	39.00
15秒课堂管理法：让上课变得有料、有趣、有秩序	9787515348490	33.80
混合式教学：技术工具辅助教学实操手册	9787515347073	39.80
从备课开始的50个创意教学法	9787515346618	29.00
中学生实现成绩突破的40个引导方法	9787515345192	33.00
给小学教师的100个简单的科学实验创意	9787515342481	39.00
老师如何提问，学生才会思考	9787515341217	33.80
教师如何提高学生小组合作学习效率	9787515340340	29.00
卓越教师的200条教学策略	9787515340401	35.00
中小学生执行力训练手册：教出高效、专注、有自信的学生	9787515335384	33.80

	书名	书号	定价
	从课堂开始的创客教育：培养每一位学生的创造能力	9787515342047	33.00
	提高学生学习专注力的8个方法：打造深度学习课堂	9787515333557	35.00
	改善学生学习态度的58个建议	9787515324067	25.00
★	全脑教学（中国教育新闻网2015年度"影响教师的100本书"）	9787515323169	38.00
★	全脑教学与成长型思维教学：提高学生学习力的92个课堂游戏	9787515349466	39.00
★	哈佛大学教育学院思维训练课	9787515325101	36.00
	完美结束一堂课的35个好创意	9787515325163	28.00
	如何更好地教学：优秀教师一定要知道的事（被英国教育界奉为圣经的教学用书）	9787515324609	36.00
	带着目的教与学	9787515323978	28.00
★	美国中小学生社会技能课程与活动（学前阶段/1-3年级/4-6年级/7-12年级）	9787515322537等	153.80
	彻底走出教学误区：开启轻松智能课堂管理的45个方法	9787515322285	28.00
	破解问题学生的行为密码：如何教好焦虑、逆反、孤僻、暴躁、早熟的学生	9787515322292	36.00
	13个教学难题解决手册	9787515320502	28.00
★	让学生爱上学习的165个课堂游戏	9787515319032	39.00
	美国学生游戏与素质训练手册：培养孩子合作、自尊、沟通、情商的103种教育游戏	9787515325156	36.00
	老师怎么说，学生才会听	9787515312057	28.00
	快乐教学：如何让学生积极与你互动（入选《中国教育报》"影响教师的100本书"）	9787500696087	29.00
★	老师怎么教，学生才会提问	9787515317410	29.00
★	快速改善课堂纪律的75个方法	9787515313665	28.00
★	教学可以很简单：高效能教师轻松教学7法	9787515314457	39.00
★	好老师应对课堂挑战的25个方法（《给教师的101条建议》作者新书）	9787500699378	25.00
★	好老师激励后进生的21个课堂技巧	9787515311838	23.80
★	开始和结束一堂课的50个好创意	9787515312071	29.80
	好老师因材施教的12个方法（美国著名教师伊莉莎白"好老师"三部曲）	9787500694847	22.00
★	如何打造高效能课堂（美国《学习》杂志"教师必选"奖，"激励教师组织"推荐书目）	9787500680666	29.00
	合理有据的教师评价：课堂评估衡量学生进步	9787515330815	29.00
班主任工作/德育			
★	北京四中8班的教育奇迹	9787515321608	36.00
★	师德教育培训手册	9787515326627	29.80
	中小学教师职业道德培训手册：师德的定义、养成与评估	9787515340777	32.00
★	好老师征服后进生的14堂课（美国著名教师伊莉莎白"好老师"三部曲）	9787500693819	25.00
	优秀班主任的50条建议：师德教育感动读本（《中国教育报》专题推荐）	9787515305752	23.00
学校管理/校长领导力			
	重新设计一所好学校：简单、合理、多样化地解构和重塑现有学习空间和学校环境	9787515356129	49.00

书名	书号	定价
让樱花绽放英华	9787515355603	79.00
学校管理者平衡时间和精力的21个方法	9787515349886	29.90
校长引导中层和教师思考的50个问题	9787515349176	29.00
如何定义、评估和改变学校文化	9787515340371	29.80
优秀校长一定要做的18件事（入选《中国教育报》"2009年影响教师的100本书"）	9787515342733	26.00
学科教学/教科研		
美国学生写作技能训练	9787515355979	39.90
《道德经》妙解、导读与分享（诵读版）	9787515351407	49.00
京沪穗江浙名校名师联手教你：如何写好中考作文	9787515356570	49.90
京沪穗江浙名校名师联手授课：如何写好高考作文	9787515356686	49.80
★ 人大附中中考作文取胜之道	9787515345567	39.80
★ 人大附中高考作文取胜之道	9787515320694	33.80
★ 人大附中学生这样学语文：走近经典名著	9787515328959	33.80
四界语文（中国教育报2017年度"教师喜爱的100本书"）	9787515348483	49.00
让小学一年级孩子爱上阅读的40个方法	9787515307589	39.90
让学生爱上数学的48个游戏	9787515326207	26.00
轻松100课教会孩子阅读英文	9787515338781	88.00
情商教育/心理咨询		
9节课，教你读懂孩子：妙解亲子教育、青春期教育、隔代教育难题	9787515351056	39.80
★ 学生版盖洛普优势识别器（独一无二的优势测量工具）	9787515350387	169.00
与孩子好好说话（获"美国国家育儿出版物（NAPPA）金奖"，沟通圣经）	9787515350370	39.80
中小学心理教师的10项修炼	9787515309347	36.00
★ 别和青春期的孩子较劲（增订版）（入选《中国教育报》"2009年影响教师的100本书"）	9787515343075	28.00
★ 100条让孩子胜出的社交规则	9787515327648	28.00
守护孩子安全一定要知道的17个方法	9787515326405	32.00
幼儿园/学前教育		
美国儿童自然拼读启蒙课：至关重要的早期阅读训练系统	9787515351933	49.80
幼儿园30个大主题活动精选：让工作更轻松的整合技巧	9787515339627	39.80
美国幼儿教育活动大百科：3-6岁儿童学习与发展指南用书 科学/艺术/健康与语言/社会	9787515324265等	600.00
蒙台梭利早期教育法：3-6岁儿童发展指南（理论版）	9787515322544	29.80
蒙台梭利儿童教育手册：3-6岁儿童发展指南（实践版）	9787515307664	25.00
自由地学习：华德福的幼儿园教育	9787515328300	29.90
赞美你：奥巴马给女儿的信	9787515303222	19.90

书名	书号	定价
史上最接地气的幼儿书单	9787515329185	39.80
教育主张/教育视野		
培养改变世界的学习者：美国最好的教育给我们的启示	9787515356877	39.90
教出阅读力	9787515352800	39.90
为学生赋能：当学生自己掌控学习时，会发生什么	9787515352848	33.00
如何用设计思维创意教学：风靡全球的创造力培养方法	9787515352367	39.80
如何发现孩子：实践蒙台梭利解放天性的趣味游戏	9787515325750	32.00
如何学习：用更短的时间达到更佳效果和更好成绩	9787515349084	49.00
教师和家长共同培养卓越学生的10个策略	9787515331355	27.00
★ 如何阅读：一个已被证实的低投入高回报的学习方法	9787515346847	39.00
★ 芬兰教育全球第一的秘密（珍藏版）（《中国教育报》等主流媒体专题推荐）	9787515342610	28.00
世界最好的教育给父母和教师的45堂必修课（《芬兰教育全球第一的秘密》2）	9787515342696	28.00
★ 杰出青少年的7个习惯（精英版）（中小学图书馆推荐书目、中国青少年必读书目）	9787515342672	39.00
杰出青少年的7个习惯（成长版）	9787515335155	29.00
★ 杰出青少年的6个决定（领袖版）（中小学图书馆推荐书目、中国青少年必读书目、全国优秀出版物奖）	9787515342658	28.00
★ 7个习惯教出优秀学生（第2版）（全球第一畅销书《高效能人士的七个习惯》教师版）	9787515342573	29.00
学习的科学：如何学习得更好更快（入选中国教育网2016年度"影响教师的100本书"）	9787515341767	39.80
杰出青少年构建内心世界的5个坐标（中国青少年成长公开课）	9787515314952	59.00
★ 跳出教育的盒子（第2版）（美国中小学教学经典畅销书）	9787515344676	35.00
夏烈教授给高中生的19场讲座（入选《中国教育报》"2013年最受教师欢迎的100本书"）	9787515318813	29.90
★ 学习之道：美国公认经典学习书	9787515342641	39.00
★ 翻转学习：如何更好地实践翻转课堂与慕课教学（中国教育新闻网2015年度"影响教师的100本书"）	9787515334837	32.00
★ 翻转课堂与慕课教学：一场正在到来的教育变革	9787515328232	26.00
翻转课堂与混合式教学：互联网+时代，教育变革的最佳解决方案	9787515349022	29.80
翻转课堂与深度学习：人工智能时代，以学生为中心的智慧教学	9787515351582	29.80
★ 奇迹学校：震撼美国教育界的教学传奇（中国教育新闻网2015年度"影响教师的100本书"）	9787515327044	36.00
★ 学校是一段旅程：华德福教师1-8年级教学手记	9787515327945	32.00
★ 高效能人士的七个习惯（30周年纪念版）（全球畅销书）	9787515350585	79.00

您可以通过如下途径购买：
1. 书　　店：各地新华书店、教育书店。
2. 网上书店：当当网（www.dangdang.com）、亚马逊中国网（www.amazon.cn）、天猫（zqwts.tmall.com）
京东网（www.360buy.com）。
3. 团　　购：各地教育部门、学校、教师培训机构、图书馆团购，可享受特别优惠。
购书热线：010-65511270 / 65516873